DAVID BADDIEL

JUDEN ZÄHLEN NICHT

Aus dem Englischen
von Stephan Kleiner

Hanser

Titel der Originalausgabe:
Jews Don't Count. How Identity Politics Failed One Particular Identity
London, TLS Books bei HarperCollins Publishers 2021

Jews Don't Count erschien in Übersetzung bereits 2021 unter dem
damaligen Titel *Und die Juden?* im Carl Hanser Verlag.

Die Passage S. 103–108 ist erstmals übersetzt nach der ebenfalls
2021 erschienenen US-Ausgabe des Buches.

1. Auflage 2024

ISBN 978-3-446-28166-0
© David Baddiel 2021
Alle Rechte der deutschen Ausgabe:
© 2024 Carl Hanser Verlag München GmbH & Co. KG, München
Umschlaggestaltung: Peter-Andreas Hassiepen, München
Satz im Verlag
Druck und Bindung: Friedrich Pustet, Regensburg
Printed in Germany

FSC® C014889

Für meine Mutter Sarah Fabian-Baddiel,
die stets dafür gesorgt hat, dass sie zählt.

VORWORT ZUR NEUEN DEUTSCHSPRACHIGEN AUSGABE

Stellen wir uns einmal eine Welt vor, in der Bücher nicht nur im Internet erworben, sondern in Buchhandlungen von kaufinteressierten Menschen durchgeblättert werden. Sollten Sie zu diesen Menschen gehören, denken Sie jetzt womöglich: *Moment mal ... gab es da nicht ein anderes Buch von diesem britischen Schriftsteller ... zum selben Thema ... aber mit einem anderen Titel?* Um mit offenen Karten zu spielen und nicht gegen irgendwelche deutschen Gesetze zu verstoßen, indem wir diesen Band als neues Material auszugeben versuchen: Dies ist dasselbe Buch. Als mein Buch in englischer Sprache erschien, trug es den Titel *Jews Don't Count*. Doch dann bekam ich eine E-Mail meines deutschen Verlags Hanser, in der stand, man könne das Buch nicht *Juden zählen nicht* nennen. Der Verlag schrieb, man könne »in Anbetracht unserer Geschichte diese Worte nicht in großen Lettern auf ein deutsches Buch drucken«.

Das ist keine linguistische Frage. Auch auf Englisch könnte der Titel als anstößig begriffen werden. Aber letztlich war ich – und war auch mein englischer Verlag – zuversichtlich, dass die Leserinnen und Leser (und selbst Menschen, die in der U-Bahn Seitenblicke auf die Lektüre anderer werfen) verstehen würden, dass der Titel ironisch gemeint war; dass er eine Einstellung zum Ausdruck brachte, die das Buch hinterfragt und seziert, nicht empfiehlt. *Jews Don't Count* ist eine Enthüllung, keine Handlungsanweisung.

Warum also sollte sich dieses Verständnis nicht auf den deutschen Titel übertragen? Ist es eine Frage der Einstellung? Womöglich – und mir ist bewusst, dass ich hier selbst in den Bereich eines britischen Stereotyps vordringe – haben es die Deutschen nicht so mit der Ironie. Oder, und das ist wahrscheinlicher, man kann in Deutschland nicht Ironie voraussetzen, wenn es um Antisemitismus geht. Vielleicht kann man in Deutschland gar nichts voraussetzen, wenn es um Antisemitismus geht. Hanser schrieb mir auch:

> Meldet sich ein Jude in einer Debatte zu Wort und bringt seine Meinung zum Ausdruck, verfallen die Menschen wie in einem Theater in Schweigen; es gibt nichts Schlimmeres, als Antisemit genannt zu werden.

In Deutschland will niemand als Antisemit gelten, und wenn man bei diesem Buch nicht von Ironie ausgehen kann, zumal in der Übersetzung, dann ist der Titel *Juden zählen nicht* zu riskant. Daher erschien es im Herbst 2021 unter dem Titel *Und die Juden?*, was in meinen englischen Ohren eher noch verstörender als *Jews Don't Count* klang, stellte ich mir doch immer vor, die Frage (»Und … die Juden?«) käme aus dem Mund eines höhnisch grinsenden Nazi-Kommandanten, ehe sich die Leinwand verdunkelte.

Ich war mir stets unsicher, was die Vorstellung einer – um die Sache beim Namen zu nennen – von Schuld getriebenen Rücksichtnahme auf jüdische Befindlichkeiten angeht. Wenn in Deutschland alle dem Antisemitismus gegenüber – gestatten Sie mir an dieser Stelle etwas Jiddisch – *on shpilkes* sind, wenn alle Deutschen ständig Sorge tragen, die Juden nicht aufzuregen, dann braucht es vielleicht gar kein Buch darüber, dass Juden nicht zählen.

Das Problem daran ist, dass das der aktiven Einbeziehung jüdischer Identitäten in die Debatte um Diskriminierung und Rassismus wohl nicht förderlich ist. Natürlich ist das Lebendighalten der Erinnerung an Gräueltaten nötig und gut, aber es kann – vor allem, wenn all die Menschen, derer gedacht wird, sowie die meisten ihrer möglichen Nachkommen nicht anwesend sind – leicht in Erstarrung und Ritualisierung kippen.

In diesem Buch stelle ich der progressiven Linken die Frage: Warum habt ihr die Juden vergessen? In Deutschland können die Juden offenbar nicht vergessen werden, aber es ist möglich, dass die deutsche Art der Erinnerung selbst eine Abwesenheit herstellt. *Wie in einem Theater in Schweigen verfallen*: Das hat etwas Gestelztes und Förmliches, etwas Unbewegliches. Schweigen, zumal eines, das von übermäßigem Respekt hervorgerufen wird, ist nichts Verbindliches. Das Schweigen im Rahmen von Gedenkveranstaltungen dauert im Normalfall eine Minute, und dann geht das Leben weiter.

Jetzt aber erscheint die Buchübersetzung neu, mit dem ursprünglichen Titel. Warum? Nun, zuerst einmal war Hanser im Irrtum – aber in aufschlussreicher Weise. Es war ein Fehler, das Buch nicht *Juden zählen nicht* zu nennen, denn ehrlich gesagt ist das für dieses Buch der beste Titel. Aber die Titeländerung war aufschlussreich, weil sie die Behutsamkeit verdeutlicht, die in Deutschland bis zu jenem Zeitpunkt sämtliche Äußerungen begleitete, die als antisemitisch wahrgenommen werden könnten.

Bis zu jenem Zeitpunkt. Wenn Sie weiterlesen, werden Sie feststellen, dass es in diesem Buch nicht darum geht, jüdische Identität oder auch Antisemitismus auf Grundlage des Konflikts zwischen Israel und Palästina zu definieren. Ich vertrete auf diesen Seiten vielmehr die Position, dass der gegenwärtige Reflex, dies zu tun, nicht nur reduktiv – der Antisemitismus ist eine jahrhundertealte Art der Voreingenommenheit, die bis weit vor die Gründung des Staates Israel zurückreicht –, sondern in seiner stärksten Ausprägung auch rassistisch ist. Tatsächlich findet sich im Buch gar nicht viel zum Nahen Osten, woraus bereits meine Weigerung spricht, zu akzeptieren, dass dieser Konflikt das Gespräch über Juden zu bestimmen hat.

Aber in den Sozialen Medien gibt es einen Spruch: *Life comes at you fast*, es kann ganz schnell bergab gehen. Und seit dem 7. Oktober ging es für die Juden rasant bergab. In Deutschland scheint das Kraftfeld des Respekts, das sie umgab, genauso zersplittert zu sein wie sonst überall. Der Angriff der Hamas wurde augenblicklich auf den Straßen gefeiert. Am Tag darauf teilte ein Berliner Kurator auf Instagram ein Meme, das vor den Terroristen fliehende Festivalbesucher zeigte, begleitet von den Worten »Poetic Justice«. In den nächsten Tagen wurden etwa Wohnhäuser mit Hakenkreuzen oder Davidsternen markiert, und seitdem haben sich solche und ähnliche Ereignisse vielfach wiederholt.

Ich hatte also womöglich recht damit, dass der deutsche Respekt, den Hanser mir vor zwei Jahren schilderte, nicht so real war, wie er schien: dass sich im Angesicht einer wahren Bedrohung, eines Ausbruchs antijüdischer Regungen, der Schutzschild der lebendig gehaltenen Erinnerung als dünn wie Papier erweisen würde. Es ist einfach interessant, dass eine nach dem

7. Oktober in Universitäten wie auf Demonstrationen zu hörende Parole lautete: »Free Palestine from German Guilt«, »Befreit Palästina von der deutschen Schuld«.

Von der deutschen Schuld: derselben Schuld, mit der man mir gegenüber nur kurze Zeit vorher begründet hatte, dass der Titel *Jews Don't Count* zu provokativ sei. Denken Sie bitte über etwas nach: Denken Sie darüber nach, ob deutsche Juden, wenn sie all das sehen und hören, wohl das Gefühl haben, zu zählen. Der Standpunkt, der deutschen Juden eine Zeit lang Halt bot – dass es in Deutschland »nichts Schlimmeres« gebe, »als Antisemit genannt zu werden« –, könnte womöglich in Schieflage geraten sein. Vielleicht hören sie ein anderes Schweigen als das, das mir Hanser erläuterte, das Schweigen, in das Deutsche verfallen – oder eben verfielen –, wenn sich ein Jude zu Wort meldete. Es ist vielmehr das ohrenbetäubende Ausbleiben des üblichen mitleidigen Aufschreis, der in den Sozialen Medien und überall sonst losbricht, wenn die meisten anderen Minderheiten angegriffen werden.

Tatsächlich stimme ich mit jenen überein, die sagen, Deutschland dürfe nicht vor Schuld erstarren. Deutsche sollten sich zu allen Themen äußern können, zum gesamten Lauf der Welt, ohne von der Geschichte mundtot gemacht zu werden. Aber das heißt nicht, dass die Geschichte nicht zählt. Für die Juden ist sie stets präsent. Man kann durchaus argumentieren, dass Deutsche frei von Schuld sein sollten. Aber nicht, dass sie frei von Erinnerung sein sollten. Oder auch von Mitgefühl, von dem Gefühl, das Juden haben, wenn ein Pogrom im besten Fall nicht verurteilt und im schlimmsten Fall bejubelt wird.

Sie könnten sagen, ich wisse nicht, wovon ich rede. Ich sei

kein Deutscher. Das Problem ist, ich bin es doch. Meine Mutter wurde 1939 in Deutschland geboren. Sie kam nur um Haaresbreite davon. Diese Geschichte wird in diesem Buch nur am Rande erzählt, aber sie steckt überall in ihm, auf jeder Seite. Dieses Buch muss *Juden zählen nicht* heißen, denn zu manchen Zeiten tun sie es wirklich nicht, und diese Zeiten sind nicht auf die Vergangenheit beschränkt.

David Baddiel, 2023

Ich werde Ihnen einige Beispiele für ein wiederkehrendes Phänomen nennen.

Dieses Buch hier ist ursprünglich im Verlag des *Times Literary Supplement* erschienen, also beginnen wir doch mit einem literarischen Beispiel. Im August 2020 veröffentlichte die britische Zeitung *The Observer*, neben ihrer Schwesterzeitung *The Guardian* das progressivste Mainstream-Nachrichtenorgan des Landes, eine Rezension von *Ameisig*, dem ersten Roman des Drehbuchautors Charlie Kaufman, aus der Feder einer Kritikerin namens Holly Williams. In ihrer nicht sehr positiven Besprechung kritisierte sie das Buch vor allem dafür, dass der Autor aus einer von Williams so genannten »Weiß-männlich-cis-hetero-Perspektive« heraus schreibe. Mit anderen Worten offenkundig weiß, männlich und weniger offenkundig einem Geschlecht zugehörig, das weder trans noch nonbinär ist, und von heterosexueller Orientierung. Jeder, der einen Platz innerhalb dieses Gevierts von Eigenschaften besetzt, wird von jenen, nach deren Ansicht alle gesellschaftlichen Strukturen auf Macht basieren, als privilegiert betrachtet. Weiße männliche cis Heteros starten mit einem vierfachen Vorsprung ins Leben. Ein aus einer Weiß-männlich-cis-hetero-Perspektive geschriebenes Buch wird von einer Zeitung wie dem *Observer*, die stets darauf aus ist, den kulturellen Diskurs von diesem Geviert wegzuverlagern, routinemäßig hinuntergestuft werden.

Nun heißt der Erzähler von *Ameisig* allerdings B. Rosenberger Rosenberg. Zu Beginn des Textes schildert er, er habe einen »rabbinischen« Bart, ein »jüdisches Aussehen«; noch verräterischer ist vielleicht die Tatsache, dass er im Buch einmal eine Krawatte mit dem Slogan *100 % Koscher* trägt. In mehreren Fällen verhalten sich andere Figuren ihm gegenüber antisemitisch, setzen voraus, dass seine Verhaltensweisen mit jüdischen Stereotypen übereinstimmen, flüstern verstohlen »Jude«, wenn er einen Raum verlässt, oder schreien ihm ganz unverhohlen »Fick dich, du Hebräer!« entgegen. Doch in der Rezension des *Observer* wird weder sein Jüdischsein noch die allgemeine Frage des Jüdischseins im Roman angesprochen, obwohl er – danke, Kindle – siebenundneunzigmal das Wort »Jude« und sechzigmal das Wort »jüdisch« enthält. Und natürlich ist Charlie Kaufman selbst Jude.

Aber für Holly Williams hat offenbar nichts davon irgendwelche Auswirkungen auf B. Rosenberger Rosenbergs Weißmännlich-cis-hetero-Perspektive; keine Auswirkungen also auf seine privilegierte Position.

Hier ein weiteres Beispiel, diesmal von der dänischen Komikerin Sofie Hagen. In ihrem – sehr guten – Kurzfilm über Body Positivity aus dem Jahr 2019 stellt Hagen eine Liste der »am stärksten unterdrückten Menschen in der Gesellschaft« auf, eine Liste, die umfasst: »Schwarze Menschen und People of Colour, queere und trans Menschen, Muslime und Menschen mit Behinderungen«. Was in der Tat einen guten Versuch darstellt, das Terrain derer abzustecken, die viele Progressive als die am stärksten unterdrückten Gruppen, als die innerhalb unserer Gesellschaft am stärksten verfolgten Minderheiten betrachten würden.

Bloß fehlt eine verfolgte Minderheit, eine der am stärksten verfolgten Minderheiten der Geschichte. Versuchen Sie sich einmal vorzustellen, die Hauptfigur von *Ameisig* gehörte irgendeiner der von Hagen erwähnten Minderheiten an. Die zentrale Prämisse der Rezension im *Observer* – das Problem an *Ameisig* sei, dass es aus einer Weiß-männlich-cis-hetero-Perspektive verfasst wurde – fiele in sich zusammen, und mit ihr der Großteil der Negativität dieser Rezension. Was bedeutet, dass es trotz der Geschichte ihrer Verfolgung nur eine Minderheit gibt, die in den Augen der Privilegienkritiker auf Seiten des Gevierts der Privilegien stehen bleibt.

Zeit für ein Beispiel aus der Hochliteratur: Am Neujahrstag 2017 übertrug BBC Radio 4 Jeremy Irons' Lesung nahezu sämtlicher Gedichte von T. S. Eliot. Jeder, der Eliots Gedichte kennt, wird wissen, dass eine Lesung aller seiner Gedichte unvermeidlich auch diese Zeilen aus *Gerontion* beinhaltet:

> Mein Haus ist ein verfallnes Haus,
> Und der Jude hockt auf dem Fenstersims, der Eigentümer,
> Gelaicht in Antwerpen, in irgendeiner Schwemme,
> Lädiert in Brüssel, genesen und geleimt in London.

Und aus *Burbank with a Baedeker: Bleistein with a Cigar*:

> Die Ratten unterwühln den Bau
> Der Jude unterläuft das Gros.

Ich weiß noch, wie ich zuhörte und mich fragte, wie die BBC darum herumkommen würde. Als die besagten Gedichte an der Reihe waren, nahm man die Hilfe von Anthony Julius in Anspruch, einem jüdischen Rechtsanwalt und Verfasser des Buchs *T. S. Eliot, Anti-Semitism and Literary Form* von 1995, der der Lesung seine These voranstellte, der überall anzutreffende, modische Antisemitismus von Eliots Zeit habe dessen Werk durchdrungen und womöglich sogar bereichert. Grob vereinfacht könnte man sagen, in Julius' Augen war Eliot ein so großer Dichter, dass es ihm – beinahe im Alleingang, wobei da natürlich noch der *Kaufmann von Venedig* wäre – gelang, Antisemitismus in Kunst zu verwandeln.

Daraufhin schrieb ich Anthony Julius, weil ich diese Position für falsch halte. Ich bin ein Fan von Eliot, aber ich glaube, dass keine Poesie den Hass aufwiegen kann. Einige Zeit später aßen wir gemeinsam zu Mittag und redeten drei Stunden lang darüber (eine, wenn ich das so sagen darf, sehr jüdische Reaktion auf die ganze Sache).

Bloß dass das nicht das Gefühl vertreiben konnte, das ich am Neujahrstag des Jahres 2017 gehabt hatte: dass die BBC, ganz gleich wie großartig der Schriftsteller und wie großartig seine Texte gewesen wären, keine andere gesellschaftliche Gruppe mit Ratten verglichen oder als irgendein ähnlich negatives rassistisches Stereotyp gezeichnet hätte. Es ist nicht unvorstellbar, dass die BBC am Neujahrstag ein ganzes Buch von Agatha Christie vorlesen ließe. Unvorstellbar ist allerdings, dass irgendjemand jemals hören wird, wie Jeremy Irons sagt: »Und nun: *Zehn kleine N***rlein.*«

Mitte 2020, im Anschluss daran, dass im Rahmen der Black-Lives-Matter-Proteste reihenweise Statuen umgestürzt wurden, sprühte unterdessen ein Demonstrant weit entfernt von Minneapolis – in Broadstairs, Kent – die Worte »Dickens war Rassist« an die Wand des Dickens Museum. Der Demonstrant hieß Ian Driver, und als Inspiration diente ihm ein Brief, in dem Dickens den antikolonialen Indischen Aufstand von 1857 verächtlich gemacht hatte. Der Brief ist ohne Frage rassistisch. Allerdings ist sonderbar, dass Ian Driver auf ein relativ obskures Schreiben von Dickens zurückgreifen musste, um sich über dessen Rassismus zu erregen, wo es doch in *Oliver Twist* seit Ewigkeiten den widerwärtig aussehenden jüdischen Hehler Fagin gibt.

Aber der zählt womöglich nicht.

Die zeitgenössischen kulturellen Debatten über die Neubeurteilung großer Autorinnen und Autoren der Vergangenheit im Licht des gegenwärtigen politischen Verständnisses verlaufen jedoch nicht immer negativ. Im Fall von Edith Wharton etwa, die ihre Romane im frühen zwanzigsten Jahrhundert schrieb, drehte sich die Neubeurteilung darum, ihre Position im Kanon zu stärken, verbunden mit der Wahrnehmung, sie sei als Frau bislang vernachlässigt worden. In der zweiten Jahreshälfte 2020 kürte der Online-Lesezirkel des *Guardian* Whartons Roman *Zeit der Unschuld* zum Buch des Monats September. In der *Times* schrieb gleichzeitig Anna Murphy über ihre Liebe zu *Das Haus der Freude* und vor allem darüber, wie sehr es sie freue, dass Wharton endlich als »Gegenstück« zu Henry James anerkannt werde.

Es trifft gewiss zu, dass Autor*innen* mit wenigen namhaften

Ausnahmen kulturell nicht in gebührender Weise berücksichtigt wurden, weshalb mich die Neubewertung Edith Whartons dazu brachte, mir *Das Haus der Freude* zu besorgen. Ich erfreute mich so lange an den Abenteuern der Heldin Lily Bart, bis nach einigen Seiten eine Figur namens Mr. Rosedale – »dieser kleine Jude«, der »ja wohl, soweit sie sich erinnern konnte, bereits ein dutzend Mal der Gesellschaft serviert und von ihr zurückgewiesen worden war« – eingeführt wird. Das Problem ist natürlich nicht, dass Wharton in ihrer Zeit und ihrem Kontext Dinge schrieb, die wir heute als antisemitisch betrachten würden. Das Problem ist, dass dieser Umstand für ihre gegenwärtige Wiederentdeckung aus feministischer Perspektive keinerlei Schwierigkeit darstellt. Dagegen tun das andere Ausformungen von Rassismus, die in ihrer Literatur womöglich zum Ausdruck kommen, für einige durchaus. In einem Essay auf der feministischen Internetseite *Jezebel* schreibt die Expertin für viktorianische Literatur Rachel Vorona Cote: »Einmal davon abgesehen, was Whartons Figuren – oder in der Tat auch Wharton selbst – über meine jüdische Familie zu sagen gehabt hätten, bin ich durch mein Weißsein mit bequemen Scheuklappen ausgestattet, die die verunglimpfenden Details verdecken. Richte ich meine Aufmerksamkeit auf die Darstellung von People of Colour im Roman – flüchtig, geringschätzig –, kann ich ihn nicht mehr auf dieselbe unproblematische Weise genießen.«

Es ist gut, dass Vorona Cote Whartons Anschauung kritisch hinterfragt. Müsste ich aber ihre eigene hinterfragen, wäre meine Frage folgende: Warum davon absehen, was Whartons Figuren oder Wharton selbst über Juden zu sagen hatten?

Ein weiteres Beispiel.

Im Jahr 2019 sollte in London das auf Alice Walkers gleichnamigem Roman beruhende Musical *Die Farbe Lila* aufgeführt werden. Etwa vier Wochen vor der Eröffnung kam heraus, dass Seyi Omooba, die Darstellerin der Hauptfigur Celie, 2014 homophobe Inhalte auf Facebook gepostet hatte. Omooba entstammt einem Umfeld evangelikaler Christen, und ihre Facebook-Mitteilungen waren recht gewöhnliche evangelikale Botschaften von der Sündhaftigkeit gleichgeschlechtlichen Begehrens. Sie verweigerte eine Entschuldigung und wurde gefeuert.

Ich habe nicht vor, mich in diesem Buch mit dem Für und Wider von Cancel Culture auseinanderzusetzen. Aber durchaus von Bedeutung für dieses Buch ist der Umstand, dass Omooba hinsichtlich des Musicals wegen Homophobie gecancelt wurde.

Denn Alice Walker hatte im Jahr 2017 ein Gedicht veröffentlicht, sein Titel: *To Study the Talmud*. Der Talmud enthält Auslegungen des Alten Testaments, die im vierzehnten Jahrhundert festgeschrieben wurden und die Grundlagen der Regeln und Gesetze des Judentums bilden. Er wurde hauptsächlich von Rabbinern verfasst und ist von Antisemiten, die suggerieren wollten, Juden würden das Blut von Christen trinken und Pädophilie propagieren, ausgiebig falsch wiedergegeben worden.

Alice Walker dichtete Folgendes:

Sollen die Gojim (wir) die Sklaven der Juden sein und
 nicht nur
Das, sondern auch noch Freude daran haben?

> Sind drei Jahre (und einen Tag) alte Mädchen freigegeben
> für Heirat und Geschlechtsverkehr?
> Sind junge Knaben Freiwild für Vergewaltiger?
> Müssen selbst die besten Gojim (wieder wir) getötet
> werden?
> Haltet einen Augenblick lang inne und überlegt, was das
> bedeuten könnte
> Oder bereits bedeutet hat
> Im Laufe unseres Lebens.

Wie Omooba hat Walker religiöse Überlieferungen instrumentalisiert, um Stereotype und Diskriminierungen gegen eine Minderheitengruppe aufrechtzuerhalten und zu befördern. Omooba sagt: »Im 1. Korinther 6, 9–11, ist klar ersichtlich, was die Bibel zu diesem Thema zu sagen hat. Ich glaube nicht, dass man schwul geboren werden kann, und ich glaube nicht, dass homosexuelle Praktiken richtig sind.« Das ist eine anti-schwule Position. Walker sagt: Juden glauben, dass Pädophilie, Sklaverei und der Mord an Nichtjuden durch ihre Religion gebilligt werden. Das ist eine antijüdische Position. Es ist meiner Ansicht nach auch die nachdrücklicher formulierte der beiden Positionen (»Ich glaube nicht« ist eine Meinungsäußerung; »Juden glauben« die Behauptung einer – unwahren – Tatsache). Omooba wurde gecancelt. Bei Alice Walker deutete niemand auch nur an, dass sie gecancelt werden könnte. Und das Musical zu *Die Farbe Lila* wurde selbstverständlich aufgeführt.

Wir leben in äußerst politisierten Zeiten. In den Jahrzehnten meines Aufwachsens, den 1970ern und 1980ern, lautete ein Mantra, das Persönliche sei politisch, aber die Politisierung von allem und jedem im Zuge der durch die sozialen Medien vorangetriebenen Identitätspolitik stellt diese Zeit dennoch in den Schatten. Deutlich wurde das in einer kürzlich auf BBC ausgestrahlten Dokumentation über die Theaterreihe *Play for Today*. Die Sendung *Play for Today*, die von 1970 bis 1984 lief, bot Theaterstücken ein Podium im Fernsehen und war Nährboden vieler bedeutender britischer Dramatiker. Meiner Erinnerung nach unterschieden sich die ausgestrahlten Stücke in Ton und Inhalt sehr, die Dokumentation mit dem Titel *Drama Out of a Crisis* aber beleuchtete ausschließlich diejenigen, in denen radikale politische Ansichten und gesellschaftliche Fragen zum Ausdruck kamen. Sie konzentrierte sich folglich bewusst nur auf die wenigen Stücke im Rahmen von *Play for Today*, die sich mit Minderheiten befassten, insbesondere auf das Werk des schwarzen Autors und Regisseurs Horace Ové, aber auch auf das eine Stück, das seiner Zeit voraus – aber ganz im Einklang mit unserer – war, indem es sich vor Jahrzehnten mit Transgender-Fragen beschäftigte.

Im Jahr 1977 strahlte die BBC in der Reihe *Play for Today* Jack Rosenthals Stück *Bar Mitzvah Boy* aus. Es gewann in jenem Jahr den BAFTA für das beste eigenständige Theaterstück. Zwei Jahre früher hatte *Play for Today* Rosenthals *The Evacuees* gezeigt, ein Drama über zwei jüdische Kinder, die zur Zeit des Zweiten Weltkriegs bei nichtjüdischen Pflegeeltern leben. Es erhielt ebenfalls einen BAFTA und einen internationalen Emmy. Für mich als Jugendlichen in London war jedoch wichtiger, dass diese beiden Stücke die ersten echten Beispiele der Repräsentation meines Lebens im Fernsehen waren. Mit ihnen sah ich anglojüdische Erfahrungen zum ersten Mal innerhalb der britischen Kultur auf korrekte Weise dargestellt.

In *Drama Out of a Crisis* wurden beide Stücke nicht erwähnt.

Manchmal hört man das, was ich meine, laut ausgesprochen. Die Hauptnachrichtensendung der BBC, die jeden Morgen die Themen des Tages bestimmt, ist die Sendung *Today* auf Radio 4. Wer politisch interessiert ist, muss sie hören. Und auf sie reagieren: Wird in *Today* irgendetwas Kontroverses gesagt, entflammt Twitter und explodiert die Konversation.

Am 13. März 2019 war der amerikanische Meinungsforscher John Zogby in der Sendung zu Gast. Irgendwann begann er über die Spaltungen innerhalb der Demokratischen Partei zu sprechen, im Speziellen über die Ansichten der damals frisch ernannten Kongressabgeordneten Ilhan Omar zu Israel und dessen Unterstützern in den USA. Der Interviewer Justin Webb, der bei *Today* festangestellt ist, antwortete:

> Wenn die Partei beschließen würde, zu ihren Unterstützern zu sagen: »Hört zu, wir finden, Antisemitismus ist ein bisschen so, wie einige von uns vielleicht Rassismus gegen Weiße betrachten, also eine eigentlich andere Kategorie von Rassismus. Er ist weniger gravierend – er ist immer noch schlimm, aber er ist weniger gravierend als manche anderen Formen von Rassismus«, was hätte das Ihrer Meinung nach für Auswirkungen?

Es war ein sonderbarer Moment. Die Frage klang weniger nach einer Frage als nach einem nützlichen Vorschlag. *Vielleicht wäre das ja eine mögliche Vorgehensweise für die Demokraten?*, das war der Tonfall. Webb relativierte seinen Satz nicht und stellte ihn nicht in einen Zusammenhang. Er sagte weder vorher noch hinterher: »Natürlich ist es anstößig, das zu sagen, aber vielleicht denken einige in der Partei ja tatsächlich so.« Sein Tonfall war neutral.

Zogby antwortete, ohne wirklich darauf einzugehen. Aber auch wenn er es getan hätte, war es die Frage selbst, die mich überraschte. Ich weiß noch, wie ich zuhörte und dachte: Wow, es kommt selten vor, dass jemand es einfach ausspricht: *Antisemitismus ist ein Rassismus zweiter Klasse*. Ich dachte, dieser Satz würde eine Kontroverse nach sich ziehen. Ich dachte, es würde heftige Reaktionen geben.

Aber es gab sie nicht. Nun ja, das stimmt nicht ganz. Es gab ein paar Reaktionen, sobald es mir nach langem Herumprobieren mit diversen Aufnahmeprogrammen auf meinem Computer gelungen war, die Frage aufzuzeichnen und auf Twitter zu posten, begleitet von der Bekundung meines Erstaunens. Selbst dann machte die Frage im Netz nicht viel Furore, und das bisschen Furore, das es gab, kam hauptsächlich von Juden.*

Wenn ich sage, manchmal höre man es laut ausgesprochen, dann hörte ich eigentlich vor allem das Schweigen.

---

* Ein Resultat des Ganzen war, dass Justin Webb sich privat mit mir in Verbindung setzte, um klarzustellen, dass er, wie auch immer es geklungen haben mochte, nicht die Absicht gehabt habe, die Vorstellung gutzuheißen oder sie als eine tatsächliche Handlungsmöglichkeit zu präsentieren, sondern nur habe andeuten wollen, dass viele in der Demokratischen Partei tatsächlich so dächten.

Ein Beispiel aus meinem sportlichen Alltag. Im Jahr 2008 saß ich, wie immer an Samstagnachmittagen, mit meinem Bruder Ivor im Stadion Stamford Bridge und sah mir ein Chelsea-Spiel an. Wir taten das seit vielen Jahren und saßen inzwischen in der oberen Ostkurve. Chelsea spielte gegen Aston Villa. Es war ein langweiliges Spiel. Auf der großen Leinwand wurde der Spielstand einer anderen Partie eingeblendet. Tottenham Hotspur verlor gegen Hull.

Die gelangweilten Zuschauer sahen das und begannen zu singen: »Wir hassen Tottenham, wir hassen Tottenham.« Und dann mündete der Gesang der Menge mit ermüdender Vorhersehbarkeit in das Wort »Yiddo«. Falls Ihnen dieses Phänomen nicht geläufig sein sollte: Der Fußballverein Tottenham Hotspur (bekannt als die Spurs) ist in einem Teil Londons ansässig, in dem ziemlich viele Juden wohnen. Aus diesem Grund bezeichnen sich die Spurs-Fans als einen »jüdischen« Verein und werden auch von anderen so bezeichnet, wenngleich sie in großer Mehrzahl nicht jüdisch sind, und das führt zu verschiedenen Stadiongesängen, die sich um das Wort »Yid« drehen. Diejenigen, die das wissen, sind meist trotzdem verwirrt, weil sie glauben, es seien Spurs-Fans, die das Wort auf »positive« Weise riefen. Sind es aber nicht. Das Wort wird den Spurs-Fans auch von den Fans von Chelsea, Arsenal, West Ham und anderen Clubs auf bedrohliche, auf schreckliche Weise *entgegen*gerufen, zusammen mit anderen antisemitischen Parolen – »Spurs sind auf dem Weg nach Auschwitz« zum Beispiel – und Gezische, das das Geräusch von Gaskammern nachahmen soll.

An diesem bestimmten Nachmittag wurden die »Yiddo«-Rufe von einem bestimmten Fan etwa zehn Reihen hinter uns ergänzt, der beschlossen hatte, wiederholt »Scheiß auf die Scheiß-Yids! Scheiß auf die Scheiß-Yids!« zu schreien. Und dann machte er daraus, um klarzustellen, dass er mit Yids nicht lediglich »Spurs-Fans« meinte, »Scheiß auf die Scheißjuden! Scheiß auf die Scheißjuden!« So ging das eine ganze Zeit lang. Ivor und ich sahen uns an. Ivor sagte: »Was sollen wir machen?« Ich zuckte mit den Schultern. Dann stand mein Bruder – Gott schütze ihn – auf, drehte sich um und sagte dem Kerl, er solle die Klappe halten. Der Mann antwortete in klassischer Weise: »Halt du doch deine Scheißklappe.« Ivor sagte: »Nein, du hältst deine Scheißklappe.« Und das geschah wundersamerweise. Der Rassist hielt die Klappe. Ivor setzte sich und sagte: »Ich glaube, mir kommen gleich die Tränen.«

Zu diesem Zeitpunkt hatten wir seit dreißig Jahren im Stamford Bridge gesessen – gut, erst gestanden und dann gesessen – und uns dieses Zeug angehört. In diesem Zeitraum hat sich die Kultur rund um den Rassismus im Fußball auf schier unermessliche Weise verändert. In den 1970ern war die Fankultur noch unglaublich stark von Rassismus geprägt, und Organisationen wie Kick It Out haben bei seiner Bekämpfung gewaltige Erfolge erzielt. 2008 hatte sich die Welt eindeutig schon weitgehend verändert. So weitgehend, dass das Programmheft von Chelsea an diesem Tag die sehr deutliche Botschaft enthielt, jede rassistische Schmähung auf den Rängen werde zum augenblicklichen Eingreifen der Ordner und zu einem lebenslangen Stadionverbot für den Täter führen.

Nun ja, nicht jede rassistische Schmähung, wie sich zeigte. Kein Ordner schritt bei diesem Vorfall ein, dem Mann, der »Scheiß auf die Scheißjuden« geschrien hatte, wurde kein Stadionverbot auferlegt. Die Welt hat sich verändert. Aber es scheint, als hätte sie dabei etwas vergessen; eine bestimmte Art von Rassismus hat sie übersehen.

Wenn Menschen von Antisemitismus sprechen, beziehen sie sich oft auf aktive Vorgänge. Sie meinen spezifische zielgerichtete Aggressionen etwa durch Nazis oder andere Rechtsextreme, die Juden als Schädlinge oder als verantwortlich für alles Böse auf der Welt bezeichnen. In den Augen der meisten Menschen rückt Antisemitismus die Juden unmittelbar ins Fadenkreuz des Scharfschützen. Was ich hier aber aufzuzählen begonnen habe, ist eine Reihe von Beispielen für das Gegenteil davon: für Abwesenheit. Für Abwesenheit von etwas – einer Anteilnahme, einer Fürsorge, einem Engagement, einer Forderung nach erhöhter Sichtbarkeit, was auch immer –, was Juden *nicht* entgegengebracht wird. Sofie Hagens Liste der innerhalb der Gesellschaft am stärksten unterdrückten Personen war ein Beispiel für diese Abwesenheit, und auf der Konferenz der Labour Party im Jahr 2019 präsentierte Dawn Butler, die Schattenministerin der Partei für Frauen und Gleichberechtigung, eine verschärfte Version davon. Im packenden Finale ihrer Rede zählte Butler all jene Personen auf, die man als abseits des gesellschaftlichen Mainstreams stehend betrachten könne und die die Labour Party wertschätzen und vor Diskriminierung schützen werde:

> Wenn Sie in einer Sozialwohnung leben, wenn Sie LGBT+ sind, wenn Sie hetero sind, wenn Sie Sinti und Roma sind, wenn Sie einen Hidschab, einen Turban oder ein Kreuz tragen, wenn Sie schwarz, wenn Sie weiß, wenn Sie asiatischer Herkunft sind, wenn Sie gebrechlich sind, wenn Sie

keinen Treuhandfonds besitzen, wenn Sie nicht in Oxford oder Cambridge studiert haben, wenn Sie zur Arbeiterklasse gehören, wenn Sie unter achtzehn sind, wenn Sie um gesellschaftlichen Aufstieg bemüht sind, wenn Sie Arbeitnehmerin sind, wenn Sie eine Pflegekraft sind, wenn Sie glauben, nicht älter als fünfundzwanzig zu werden, wenn Sie Ihr Kreuzchen schon mal auf der anderen Seite gemacht haben – dann haben Sie eine Zukunft und verdienen Gleichbehandlung, Würde und Respekt. Und eine Labour-Regierung wird Sie wertschätzen – seien Sie einfach Sie selbst.

Diese Liste ist insofern etwas seltsam, als sie eine Reihe von Kategorien beinhaltet, die man als Mainstream betrachten würde, etwa »weiß« und »hetero«, aber vielleicht war es Butler ja darum zu tun, mit ihrer Rede niemanden zu verprellen. Nicht eine einzige Gruppe auszuschließen.

Doch das tat sie.

Dieses Buch ist kein erschöpfender Bericht über modernen Antisemitismus. Solche Berichte finden sich anderswo. Aber es ist ein Versuch, etwas zu bestimmen, von dem ich glaube, dass es für modernen Antisemitismus entscheidend ist, nämlich die Verwirrung, die er bei Linken hervorruft. Mit Linken meine ich eigentlich Progressive: den Zusammenschluss derjenigen – zum Teil vielleicht gar nicht im klassischen Sinne Linken –, die in ihrer eigenen Wahrnehmung *auf der richtigen Seite der Geschichte stehen*. Ich bin mir nicht sicher, ob dieser Satz außerhalb des Online-Diskurses sehr häufig verwendet wird, aber er bezeichnet jene, die sich gegen sämtliche -ismen und Phobien – Rassismus, Sexismus, Disablismus, Islamophobie, Transphobie – auflehnen und daran glauben, dass diese -ismen und Phobien in der Zukunft zweifelsfrei als irrige Ansichten erkannt und in den Abfallkorb der Zeit verfrachtet werden. Ich sollte klarstellen, dass die Formulierung »sämtliche -ismen und Phobien« nicht gönnerhaft oder herabsetzend gemeint ist; es ist nur eine Kurzformel für das, was ich sagen möchte. Ich würde mich selbst als progressiv bezeichnen. Wobei ich nie die Formulierung »auf der richtigen Seite der Geschichte« gebrauche, weil ich glaube, dass der Einzige, der wirklich weiß, wie sich die Dinge in den kommenden Jahren entwickeln werden, Doctor Who mit seiner Zeitmaschine ist.

Es ist wichtig, dass das klar ist: Dieses Buch handelt von Progressiven. Progressive reagieren manchmal auf Antisemitismus, indem sie auf die – impliziten – Arten von Rassismus verweisen, denen andere Minderheiten beispielsweise in den Meinungsbeiträgen der *Daily Mail* ausgesetzt sind. Berechtigte Hinweise, aber diese Kolumnisten interessieren mich nicht, da ihre Art von Rassismus aktiv und offensichtlich ist und es mir, offen gestanden, auch nicht ansteht, darüber zu sprechen. Ich will über Antisemitismus sprechen, und vor allem über den Antisemitismus, der dekonstruiert werden muss, was auf eindeutige Rechtsaußenpositionen und antijüdische Aussagen nicht zutrifft. Was wir bisher betrachtet haben, sind Beispiele dafür, dass Juden unberücksichtigt blieben: unberücksichtigt von der Linken in Sachen Identitätspolitik. Für alle, die es nicht wissen: Identitätspolitik ist eine Form der Politik, bei der traditionelle Streitpunkte zwischen Links und Rechts – vor allem wirtschaftliche Fragen – zugunsten von Themen wie Rassismus, Disablismus und Homophobie in den Hintergrund treten. Die Linke macht es sich weniger zur Pflicht, die Arbeiter zu unterstützen (wobei viele Linke sagen würden, ökonomische Ungerechtigkeit gehe Hand in Hand mit Ungerechtigkeiten gegenüber Minderheiten, womit ich einverstanden bin), als sich für People of Colour, Schwule und trans Menschen einzusetzen – all jene, die Dawn Butler aufgezählt hat. Das sind eindeutig Kämpfe für die gute Sache, und die Linke ist eben kämpferisch, sie definiert sich durch ihr rebellisches Eintreten.

Ich verwende die Formulierung »Kämpfe für die gute Sache« mit Bedacht. Die Linken haben sich immer als die Guten betrachtet. Ich stehe politisch eher links (als Teenager ging ich zu Treffen der Young Communist League), also kann ich nicht wirklich für die Rechten sprechen, aber es scheint mir, als wäre man auf der Rechten weniger um ein tugendhaftes Selbstbild bemüht. Man kann konservativ sein und frohgemut dem Glauben anhängen, die menschliche Natur sei, wie es die kapitalistische Wirtschaftslehre nahelegt, in zügelloser Weise eigennützig, und weil dadurch freie Gesellschaften entstehen, die in Zeiten des Wohlstands gut, wenn auch ungleichmäßig funktionieren, sei das in Ordnung. Was bedeutet, dass man für sich selbst und die eigene Politik nicht laufend die moralisch überlegene Position in Anspruch nehmen muss. Die Linken sind kämpferisch, weil sie die Außenseiter sind. Die Rechten sind das Establishment, was die Linken zu den Aufrührern, den Nonkonformisten, den Revolutionären macht (wenngleich sich in jüngerer Zeit auch etwa Donald Trump und die Brexit-Befürworter diese Sprache zu eigen gemacht haben, aber das ist eine andere Geschichte).

Mit dem Übergang zur Identitätspolitik ist das Anliegen der Linken fragmentiert worden. Es geht nun weniger um den

Kampf für die Massen und mehr um spezifische Minderheiten. Der Kampf für die gute Sache dient all jenen Menschen, die Dawn Butler erwähnt hat. Aber ihr Redetext untermalte auch das letzte große Wahlkampfvideo der Labour Party vor der Parlamentswahl von 2019, in welcher das Thema Antisemitismus eine gewaltige Rolle spielte. Womit all die verschiedenen Gruppen, für die die Labour Party zu kämpfen versprach, korrekt ins Bild gesetzt wurden und die Ausgrenzung oder Nichtberücksichtigung der Juden bei der Aufnahme in diesen heiligen Kreis unmissverständlich klar wurde.

Es ist ein heiliger Kreis, der um diejenigen herum gezogen wird, für die die progressiven modernen Linken zu kämpfen bereit sind, und es scheint, als stünden die Juden nicht in ihm. Warum nicht? Nun, darauf gibt es viele Antworten. Aber die grundlegende, alle anderen untermauernde lautet, dass Juden die einzigen Opfer von Rassismus sind, denen von den Rassisten sowohl ein niedriger als auch ein hoher Status beigemessen wird. Juden werden von Rassisten auf die gleiche Weise stereotypisiert wie andere Minderheiten – als verlogen, diebisch, schmutzig, niederträchtig, stinkend –, aber eben *auch* als vermögend, privilegiert, mächtig, als geheime Herrscher über die Welt. Auf irgendeine Weise sind Juden sowohl Untermenschen als auch im Verborgenen die Herren der Menschheit. Diese rassistische Mythologie liegt in der Luft, wenn die Linken zögern, die Juden in ihren heiligen Kreis einzuschließen. Denn all die Menschen innerhalb des heiligen Kreises sind *unterdrückt*. Und wenn man auch nur ein kleines bisschen daran glaubt, dass Juden vermögend, privilegiert, mächtig und insgeheim Herrscher über die Welt sind … nun ja, dann kann man sie nicht in den heiligen Kreis der Unterdrückten aufnehmen. Manche würden vielleicht sogar sagen, dass sie in den abscheulichen Kreis der Unterdrücker gehören.

Veranschaulichen lassen sich diese unterschwelligen Vorstellungen über Juden etwa am Beispiel des Essens. Essen ist heute ein Schlachtfeld kultureller Konflikte. Die kulturelle Aneignung von Speisen – die Verwendung von aus Minderheitskulturen stammenden Rezepten und Ideen, meist durch weiße westliche Köche und Gastronomen – ist ein unter Progressiven vieldiskutiertes Thema, und viele, wie zum Beispiel die Journalistin und Food-Bloggerin Ruth Tam, haben darüber geschrieben, dass (in ihrem Fall in den Vereinigten Staaten) »die Speisen von Immigranten oft wie Tourismus für den kleinen Geldbeutel behandelt werden – eine billige Möglichkeit für Foodies, sich weltläufig zu fühlen, ohne den Komfort ihrer gewohnten Umgebung verlassen zu müssen – oder wie wohlmeinende Fusion – eine elegante Art und Weise für amerikanische Küchenchefs, auf die Küche anderer Kulturen zurückzugreifen, um Profit zu erwirtschaften«. Wenn Sie »kulturelle Aneignung von Speisen« googeln, werden Sie zu diesem Thema noch weit mehr finden, und sollten Sie sich tiefer einarbeiten wollen, fügen Sie Ihrer Suchanfrage »chinesisch«, »indisch« oder »karibisch« hinzu, um spezielle Beispiele für Trauer und Wut zu finden. Als Experiment fügte ich »jüdisch« hinzu. Der – nicht mythischen, sondern vollkommen zutreffenden – Tatsache zum Trotz, dass Juden vom Essen besessen sind, und trotz der Aneignung von Bagels, gehackter Leber, *schmaltz herring*, Hühnersuppe und Salt Beef durch viele, viele nichtjüdische Anbieter, insbesondere in Amerika, habe ich nicht einen einzigen Blogbeitrag, Zeitungsartikel oder Tweet gefunden, der das

Thema anprangert oder auch nur anspricht. Natürlich gab es einige Suchergebnisse. Es waren Artikel, in denen Juden – genauer gesagt, Israelis – beschuldigt wurden, sich palästinensische Speisen angeeignet zu haben. Selbst auf dem abseitigeren Kampfplatz des Rezeptdiebstahls werden mit anderen Worten Juden als die Diebe und nicht die Bestohlenen gekennzeichnet: als die Unterdrücker, nicht die Opfer.

Aber die Progressiven glauben diese ganzen rassistischen Mythen über Juden doch gewiss nicht? Nun ja. Hier ist ein Bild, das 2019 von dem amerikanischen Schauspieler und Aktivisten John Cusack retweetet wurde.

@johncusack *Folgt dem Geld RT*

»Um herauszufinden, von wem man beherrscht wird, muss man lediglich herausfinden, wen man nicht kritisieren darf.«
Voltaire

Ist das nicht offensichtlich?

Das ist ein in den sozialen Medien weit verbreitetes Meme. Das Zitat wird Voltaire zugeschrieben – der tatsächlich Antisemit und der Auffassung war, dass Juden zu »asiatisch« seien, um sich in Europa jemals zu integrieren, und für dieses Unvermögen »Bestrafung verdienten« – aber eigentlich dient Voltaire hier nur dazu, den Worten eine falsche Legitimation zu verleihen. In Wahrheit stammt das Zitat von Kevin Strom, einem amerikanischen White Supremacist und Neonazi, und es offenbart das Kernelement solcher Äußerungen: die Widerstandshaltung. Der Grund dafür, dass rechtsextreme und progressive linke Aktivisten sich über die Vorstellung der Auflehnung gegen mythische, sakrosankte geheime Machthaber verbünden könnten, liegt darin, dass sich beide gern als Rebellen, als Kämpfer gegen Machtstrukturen sehen – und Juden als einzige Minderheit im Westen als mächtig angesehen werden.

Der Unterschied zwischen Progressiven und der extremen Rechten lässt sich in drei Wörtern zusammenfassen: Cusack entschuldigte sich. Das Bedeutende daran ist weniger die Tatsache dieser Entschuldigung an sich, als dass Cusack, der sagte, er »habe nicht einen antisemitischen Knochen im Leib«, die Existenz eines blinden Flecks anerkannte. Das hängt mit dem zusammen, was ich weiter oben über den Unterschied zwischen der aktiven Qualität des traditionellen rechtsextremen antijüdischen Rassismus und der passiven Natur der progressiven Gleichgültigkeit gegenüber jüdischen Befindlichkeiten gesagt habe. Aber an welchem Punkt schlägt diese Gleichgültigkeit – in Anbetracht der Tatsache, dass wir in einer Zeit leben, in der fast jede Mikroaggression gegen eine Minderheit als Rassismus gekennzeichnet werden kann – in Rassismus um? Wie *makro* muss eine Aggression gegenüber Juden sein, um als

Aggression betrachtet zu werden? Nicht zu erkennen, dass das von Cusack retweetete Bild auf eindeutige und brutale Weise antisemitisch ist – nun ja, das ist ein ziemlich großer blinder Fleck.

Cusack ist jedoch nicht der Einzige, der eine Sehhilfe in Sachen Juden benötigt. Im Anschluss an den Vorfall bei Chelsea im Jahr 2008 beschlossen mein Bruder und ich, nachdem wir den Verein nicht dazu bewegen hatten können, den rassistischen Missetäter ausfindig zu machen und zu bestrafen, einen Film mit dem Titel *The Y-Word* zu drehen. *The Y-Word* war ein Zweiminüter, der online abgerufen werden konnte, aber auch vor Spielen in Stadien gezeigt wurde. In dem Film machten verschiedene bekannte Fußballer (unter anderem Frank Lampard und Ledley King) darauf aufmerksam, dass andere Wörter – das N-Wort etwa – auf Fußballplätzen und in Stadien nicht mehr zu hören waren: wieso dann das Y-Wort?

Dazu mehrere Dinge in aller Kürze. Es war schwierig, den Film zu machen. Als Erstes wandten wir uns an Kick It Out, die schon erwähnte Organisation, die sich gegen Rassismus im Fußball starkmacht. Sie stand dem Projekt äußerst zweifelnd gegenüber. Ihre grundsätzliche Haltung war: Spielt das wirklich eine Rolle? Es wurden noch immer schwarze Spieler von den Rängen aus beleidigt, und man war gerade im Begriff, eine Kampagne gegen Homophobie zu lancieren. Würde eine Kampagne gegen Antisemitismus das Augenmerk nicht von den wichtigeren Botschaften weglenken? Tatsächlich sah es wegen der grundlegenden Wahrnehmung, dass Juden – lassen Sie es mich hier zum ersten Mal sagen – *nicht zählen*, zunächst so aus, als würde der Film nicht gedreht werden, bis erstaunlicherweise der berühmte Gary Lineker, ein ehemaliger Spurs-Spieler, seine Teilnahme zusagte.

Dann war da noch der Titel. Wir nannten den Film *The Y-Word*, weil es in ihm trotz der Diskussion, die er um die Frage auslöste, ob die Fans von Tottenham Hotspurs das Recht hatten, sich selbst als Yids zu bezeichnen, letztlich gar nicht um Fußball ging. Wir wollten die Frage stellen, warum es in Bezug auf Rassismus keine Chancengleichheit gibt. Warum manche Arten von Rassismus als bedeutsamer – anstößiger, beunruhigender, bekämpfenswerter – zu gelten scheinen als andere. Hätte es irgendwo in London einen Club gegeben, der als überwiegend schwarz betrachtet würde, und hätten die hauptsächlich weißen Fans dieses Clubs beschlossen, sich *die N-Wörter* oder *die N-Wort-Armee* zu nennen, und hätte das dazu geführt, dass gegnerische Fans ihnen rassistische Hassparolen entgegenriefen, dann wäre das sofort gestoppt und der Verein aufgelöst worden. Indem wir den Film *The Y-Word* nannten, sagten wir daher, dass die Schmähwörter für Juden – und »Yid« ist eines, in der Weise, wie es in den 1930er-Jahren von den Schwarzhemden des britischen Faschisten Oswald Mosley im gesamten East End an die Wände geschmiert wurde – als genauso unaussprechbar gelten müssen wie die Schmähwörter für andere ethnische Minderheiten.

Aber Sie sehen, dass ich das Wort »Yid« im letzten Absatz ausgeschrieben habe. So wie ich es in diesem Buch auch vorher schon ausschrieb. Das würde ich mit dem P-Wort für Menschen aus Pakistan und ganz sicher auch mit dem N-Wort nicht tun. Was auf eine Hierarchie der Anstößigkeit schließen lässt: eine Hierarchie, die selbst heute noch, selbst in diesem Buch, das ich gerade schreibe, existiert. Yid gilt als ein *weniger schlimmes* Schmähwort im Vergleich zum P-Wort oder zum N-Wort.

Der Film zog eine heftige Debatte nach sich. Irgendwann schaltete sich der damalige Premierminister David Cameron ein und sagte, er finde es in Ordnung, wenn sich die Spurs-Fans »selbst Yids nennen«. Lassen wir den zweifelhaften Wert des In-Ordnung-Seins einmal beiseite und betrachten den Umstand, dass er kein Problem damit hatte, das Wort zu sagen, es über seine Lippen kommen zu lassen. Und bedenken, wie problematisch er es fände, das mit dem P-Wort oder dem N-Wort zu tun.*

Dieses Thema – die unterschiedliche Anstößigkeit, die vernünftig denkende Menschen verschiedenen Schmähwörtern zuweisen – kam auch zur Sprache, als ein Freund von mir, den man durchaus dem progressiven Lager zurechnen würde, mich nach dieser zentralen Prämisse des Films fragte. Er sagte: Aber das Y-Wort ist doch nicht so schlimm wie das N-Wort? Ich sagte: Wieso denn nicht? Er sagte: *Weil Juden reich sind.*

Es kommt mir noch immer erstaunlich vor, dass ein erklärter Antirassist so etwas sagt (nicht zuletzt aufgrund der unausgesprochenen Annahme, Schwarze könnten nicht reich sein). Was mein Freund sagte, war, dass Juden, weil sie – komm

---

* Eine kleine Ergänzung: Kurz nach Camerons Satz war ich zu Gast in einer politischen Diskussionsrunde des Senders ITV mit dem Titel *The Agenda*. Der Moderator war Tom Bradby, und das Ganze eine Art zahme Version von *Question Time*. Weshalb bedeutende Politiker wie der Premierminister auch teilnahmen: Es war die sanftere Behandlung. Aber als Cameron mitbekam, dass ich zusammen mit ihm eingeladen war, war er trotzdem beunruhigt. Er betrat den Vorbereitungsraum, kam direkt auf mich zu und sagte: »Reden wir hier über diese Yid-Geschichte?« Dann sagte er mir, er habe darüber nachgedacht beziehungsweise

schon, das wissen wir doch alle – wohlsituiert, privilegiert und vermögend sind, nicht ernsthaft jener schützenden Funktionen des Antirassismus bedürfen, die von der Linken am stärksten propagiert werden.

Aber vielleicht ist es gar nicht so erstaunlich. Einige vom marxistischen Denken inspirierte Linke würden der Idee zustimmen. Die britische Journalistin Ash Sarkar, selbst Kommunistin, schrieb 2018 in einer Kolumne gegen die Akzeptanz der Antisemitismus-Definition der Holocaust Remembrance Alliance: »Wir müssen an dieser Stelle sehr ernsthaft darüber nachdenken, was die Aufgabe von Antirassismus ist. Antisemitismus zeigt sich zu diesem Zeitpunkt der Geschichte vorrangig als Vorurteile und Feindseligkeit gegenüber Juden als Juden, weitgehend ohne Aspekte materieller Aberkennung (wie etwa struktureller Arbeitslosigkeit), die in anderen Formen von Rassismus zutage treten.« Hier klingt an, dass es sich, weil Juden materiell bessergestellt *sind* – ich weiß nicht, was »ohne Aspekte materieller Aberkennung« sonst heißen sollte –, tatsächlich um eine schwächere Form von Rassismus handelt. Letztlich ist es also eine Frage des Geldes.

Nun ja. Zunächst einmal ist es, so klug man es auch formuliert, immer gefährlich zu sagen, Juden seien reich. Denn Juden

---

mit seinem Berater Lord Feldman darüber gesprochen, und Lord Feldman habe gesagt: »Baddiel hat recht«, und der Premierminister habe beschlossen, sich dieser Meinung anzuschließen. Wenn auch nicht so weit, dass er wirklich begriffen hatte, dass die beiläufige Verwendung des Worts Yid – in diesem Fall einem Juden gegenüber – etwas Schlimmes sein könnte. Es machte ihm nämlich noch immer nichts aus, das Wort Yid laut auszusprechen. Vor einem Juden. (Aus komödiantischen Gründen hätte ich fast »Vor einem Yid« geschrieben, aber das wäre nicht zweckdienlich.)

sind *nicht* reicher als andere. Manche sind reich. Und manche sind es nicht. Eine Studie des parteiunabhängigen Vermögensforschungsunternehmens New World Wealth ergab, dass 56,2 Prozent der 13,1 Millionen Millionäre auf der Welt Christen sind, 6,5 Prozent Muslime, 3,9 Prozent Hindus und 1,7 Prozent Juden. In den USA haben 48 Prozent der Hindus ein jährliches Haushaltseinkommen von 100 000 Dollar oder mehr und 70 Prozent mindestens 75 000 Dollar, was sie zur bestverdienenden ethnischen Gruppe macht.

Aber so oder so – und das ist nun sehr unmarxistisch von mir: Scheiß aufs Geld. Denn Geld schützt nicht vor Rassismus. Wie gesagt, manche Juden *sind* reich. Meine Großeltern waren es: Sie waren ostpreußische Industrielle. Sie besaßen eine Ziegelfabrik. Sie hatten Diener. Aber als sie 1939 mit meiner Mutter, die noch ein Baby war, nach England flohen, hatte man ihnen bereits alles genommen. Und bis zum Ende des Krieges war der Großteil ihrer Familie – und damit ein großer Teil meiner eigenen – ermordet worden. Es ist egal, wie reich du bist, denn die Rassisten werden dir in jedem Fall die Tür deines großen Hauses einschlagen, von dem sie wissen, dass du es nicht verdienst und nur besitzt, *weil du ein Jude bist*.

Noch ein Gedanke zu Juden und Geld. Ich glaube, wenn Antisemitismus manchmal nicht als solcher erkannt wird, dann liegt das unter anderem daran, dass einige diese Verbindung verzerren, um sich einzureden, sie wäre nicht negativ. 2014 etwa bekräftigten drei Angehörige der Welt des Fußballs die Vorstellung, Juden wären reich. Malky Mackay, der damalige Manager von Cardiff City, hatte eine Nachricht verschickt, in der stand: »Nichts ist mit einem Juden vergleichbar, der sieht, wie ihm das Geld durch die Finger rinnt.« Dave Whelan, Eigentümer von Wigan Athletic, sagte: »Juden sind mehr hinter dem Geld her als sonst irgendwer.« Und der Stürmer Mario Balotelli teilte während seiner Zeit bei Manchester City einen Tweet, in dem Super Mario mit einem Juden verglichen wird, weil er so gut im Einsammeln von Münzen ist.

Als diese Männer darauf aufmerksam gemacht wurden, dass ihre Kommentare vielleicht nicht ganz unproblematisch waren, begriffen alle drei nicht ganz, warum. Whelan versuchte es sogar so darzustellen, als hätte er seinen als Kompliment gemeint, indem er Juden als »geschäftstüchtige Leute« darstellte. Das ist aufschlussreich. Es sagt uns zweierlei. Erstens, dass Whelan glaubt, es wäre keine Beleidigung, Juden mit Geld in Verbindung zu bringen, weil Geld doch schließlich etwas Gutes ist, oder nicht? In einer kapitalistischen Gesellschaft bewundern wir Menschen mit Geld. Nur dass wir das in Wahrheit natürlich doch nicht tun. Wir beneiden Menschen mit Geld, wir verübeln ihnen, dass sie Geld haben. Und ganz besonders neiderfüllt schauen wir auf Menschen mit Geld, um die wir Narrative stricken können, rassistische Narrative, die andeuten, dass sie und all ihre mit ihnen unter einer Decke steckenden Genossen auf dunkle, unrechtmäßige und ausbeuterische Weise zu diesem Geld gekommen sind. Zweitens sagt es uns, dass die meisten Klischeevorstellungen über Juden nicht allein davon handeln, dass sie reich sind. Das Wort »geschäftstüchtig« impliziert etwas anderes. Wie Mackays und Balotellis Stereotypen erzählt auch diese Fantasie nicht von Reichtum, sondern von Geiz: von einer knickrigen, obsessiven, unmenschlichen Fähigkeit zu laufen, zu hüpfen, sich Geld zu schnappen – und es zu behalten.

Ich würde sagen, dass ich einer der sehr wenigen bekannten Juden in England bin. Womit ich nicht meine, dass ich einer der sehr wenigen – einigermaßen – bekannten jüdischen Menschen bin. Davon gibt es einige. Was ich meine, ist, dass ich einer der sehr wenigen Menschen in diesem Land bin, deren Jüdischsein zu den wesentlichen Dingen zählt, die über sie bekannt sind. Wen gibt es noch? Die Schauspielerin und Autorin Maureen Lipman vielleicht. Die Moderatorin und Journalistin Vanessa Feltz. Ein paar aus den Medien bekannte Rabbis. Das war es mehr oder weniger. In der britischen Comedy-Szene gibt es viele andere Juden (oder eben zumindest Menschen jüdischer Abstammung) – Matt Lucas, Stephen Fry, Alexei Sayle, Simon Amstell, Sue Perkins, Simon Brodkin, Robert Popper –, aber ich würde sagen, nur mich kennen die meisten, soweit sie mich überhaupt kennen, als Juden. Nur ich habe, mit anderen Worten, mein Jüdischsein zu einem Bestandteil meiner öffentlichen Identität gemacht.

Ich glaube, diese Abwesenheit liegt unter anderem daran, dass es – bis vor Kurzem – nicht sehr angesagt war, britisch und jüdisch zu sein. Juden sind vielleicht die einzige Minderheitengruppe in diesem Land, die nie cool gewesen ist. (Im Gegensatz zu ihren amerikanischen Gegenstücken – denken Sie an Mort Sahl oder Saul Bellow anno 1963: supercool.*)

Aber über die Frage ihres Uncoolseins hinaus umgibt Juden und ihr Jüdischsein auch eine gewisse Scham. Folgendes

---

* Das liegt unter anderem daran, dass amerikanische Juden Amerikaner sind und britische Juden Briten. Was bedeutet, dass die amerikanischen laut und selbstbewusst sind, die britischen dagegen reserviert und höflich (Verallgemeinerungen: Ich *weiß*). Jemand hat mir einmal gesagt, die Schlagzeile des Londoner *Jewish Chronicle* laute jede Woche: »Sie

Gespräch führte ich einmal mit einer Frau auf einer Hochzeit:

> **FRAU:** Oh, Sie sind David Baddiel. Sie sind Jude, oder?
> **ICH:** Ja.
> **FRAU:** Ich bin Jüdin. Wobei man das wahrscheinlich nicht sieht, oder? Ich habe mir die Nase machen lassen.
> **ICH:** Verstehe …
> **FRAU:** Eigentlich sage ich das nie jemandem. Dass ich Jüdin bin, meine ich.
> **ICH:** Wieso denn nicht?
> **FRAU:** *(als wäre das offensichtlich)* Na ja. Die Leute mögen keine Juden.

So erstaunlich die Einstellung dieser Hochzeitsteilnehmerin auch sein mochte – ihre fröhliche Akzeptanz des Judenhasses und auch von etwas noch Tiefergehendem, ihre Akzeptanz einer grundsätzlichen Unterscheidung zwischen Juden und »Leuten« –, ich glaube nicht, dass sie besonders ungewöhnlich war. Die Schauspielerin Miriam Margolyes sagte 2015 in einem Interview mit dem *Daily Telegraph*: »Wissen Sie, niemand mag Juden. Man kann nicht sagen, dass die Leute Juden mögen. Wir sind nicht beliebt. Wir sind zu schlau, um beliebt zu sein.« Margolyes unterscheidet sich insofern von der Hochzeitsteilnehmerin, als sie erklärtermaßen progressiv ist und der Linken

---

hassen uns«. Ich sagte: Nein, sie laute: »Sie hassen uns, aber lasst uns keine große Sache daraus machen«. Britisches Jüdischsein hat lange schon einen Beigeschmack von Vorstadt. Die Vorstellung, das Jüdische als Identität könnte auf die Weise cool sein, in der es die meisten anderen Identitäten sein können, erscheint hier noch immer etwas absurd.

angehört und wie viele linksgerichtete Juden eine von Scham geprägte Beziehung zu Israel hat, aber ihre Aussage erscheint weitergehend als das, stärker universell und ewig (sie schickte voraus, die Engländer seien »von Natur aus Antisemiten«). Ihre Sätze im Interview tragen auch noch ein weiteres sehr jüdisches Problem in sich, nämlich dass die Juden die auf sie projizierte Hoch-Tief-Dualität ihres eigenen Status auf die Mainstream-Kultur zurückspiegeln: Wir werden gehasst, weil wir klug sind.

Das Judentum unterscheidet sich von anderen Ethnien auf signifikante Weise dadurch, dass es verborgen werden *kann*. Eine der vielen widersprüchlichen Überzeugungen von Antisemiten ist, Juden seien auf unglaubliche, offensichtliche Weise jüdisch – weil sie alle große Nasen, dunkle Haut und dunkle Haare haben und durch ihre Gier fett geworden sind – und zugleich schwer zu entdecken, weshalb sie sich unerkannt unter Nichtjuden bewegen und im Verborgenen ihre verabscheuungswürdigen Taten durchführen können. Nur darum gab es bei den Nazis sowohl Zeichnungen, die sie auf überaus wiedererkennbare, durchweg groteske Weise darstellten – große Nasen, dunkle Haut, dunkle Haare, durch Gier fett geworden –, als auch ausführliche und komplexe Leitfäden zur Erkennung von Juden. Und dann natürlich die Vorschrift, dass Juden gelbe Sterne zu tragen hatten, die sie als Juden identifizierten.

Diese Fähigkeit, sich zu verstecken, spielt eine wichtige Rolle bei der Nichtberücksichtigung der Juden in der Identitätspolitik, weil die meisten Identitäten, von sexuellen einmal abgesehen, nahezu unmöglich zu verstecken sind. Juden können sich verstecken; sie können als Nichtjuden durchgehen. Weil sie nicht unmittelbar zu erkennen sind, scheint die Annahme zu herrschen, sie seien keinem Rassismus ausgesetzt. Juden würden also nicht wirklich darunter leiden, als anders betrachtet zu werden, *weil* sie nicht anders *aussehen*. Aber überlegen wir einmal, was genau die Frau auf der Hochzeit sagte. Sie verschweigt normalerweise, dass sie Jüdin ist, denn »die Leute mögen keine Juden«. Was darauf hinweisen würde, dass Juden nicht ernsthaft darunter leiden, als anders betrachtet zu werden, solange niemand weiß, dass sie Juden sind: solange sie sich verbergen wie Lesben und Schwule, die sich nicht geoutet haben. Was bedeutet, dass Juden nur in Ordnung sind, solange sie als Nichtjuden durchgehen, und dass Juden, sobald sie als solche erkannt worden sind, in jedem Fall als anders betrachtet werden.

Ich bin niemand, der sein Jüdischsein versteckt.* Meine Twitter-Biografie besteht schon immer aus einem einzigen Wort: Jude.

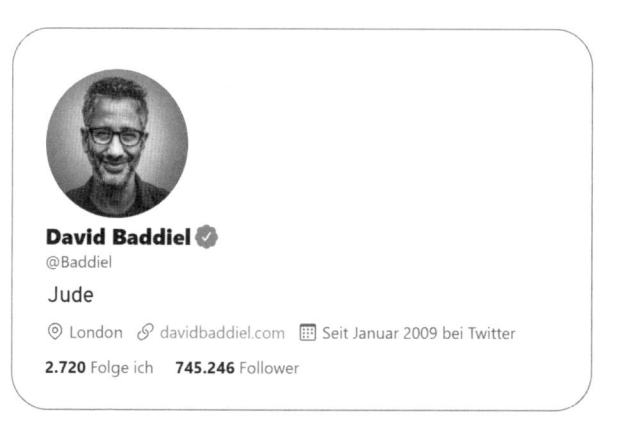

David Baddiel ✓
@Baddiel
Jude

⊙ London & davidbaddiel.com 🗓 Seit Januar 2009 bei Twitter
2.720 Folge ich   **745.246** Follower

---

* Wer meine Auftritte als Stand-up-Comedian auf der Bühne und im Fernsehen kennt, dem wird bewusst sein, dass ich überhaupt nichts verstecke. Ich neige dazu, mein ganzes Leben auf absurde, erschöpfende Weise offenzulegen. Ich schlage Kapital daraus, ich zu sein.

Das hat mehrere Gründe, und keiner davon hat mit Religion zu tun. Erstens ist es lustig. Zweitens setze ich ein Statement gegen jüdische Scham und tatsächlich auch gegen jüdische Abwesenheit, dagegen, dass Juden nicht zählen, indem ich es – und sei es aus Gründen der Komik – zum Mittelpunkt meiner Identität mache. Und drittens ist es eine Wiederaneignung, wenn auch eine verdrehte. »Jude« hat einen sonderbaren Status als böses Wort. Alle anderen Minderheiten arbeiten bei der Wiederaneignung von Hassrede mit Wörtern, bei denen es sich nicht um die Begriffe handelt, die sie im Wörterbuch tatsächlich bezeichnen. Sie eignen sich umgangssprachliche Beleidigungen gegen sie an. Ich aber *bin* tatsächlich Jude. Es ist daher interessant, dass diejenigen, die Beleidigungen vermeiden wollen, dazu neigen, »jüdische Menschen« statt »Juden« zu sagen. Obwohl »Jude« der korrekte Begriff ist und keine beleidigende Wortschöpfung von Rassisten, fühlt sich das Wort dadurch, dass es tief im christlichen Unterbewusstsein an einem bösen Ort vergraben ist, *trotzdem* wie eine Beleidigung an. Tatsächlich macht die Vermeidung des Begriffs den – um es einmal so zu nennen – systemischen Rassismus der judeo-christlichen Kultur deutlich, die unterschwellige Macht, die nach zwei Jahrhunderten linguistischer Toxizität noch immer da ist. In meinem Roman *The Secret Purposes*, der von der Internierung deutschjüdischer Flüchtlinge auf der Isle of Man während des Zweiten Weltkriegs handelt – etwas, was meinem Großvater zugestoßen ist und einen so wenig bekannten Teil der britischen Geschichte darstellt, dass es, meine ich, allein für sich genommen als Beispiel für jüdische Abwesenheit in der Kultur dienen kann –, arbeitet eine Übersetzerin namens June an der Abschrift eines Interviews, das sie mit einer Frau Spitzy genannten Figur geführt hat. Frau Spitzy gehört zu den wenigen echten Nationalsozialisten, die sich die Insel mit den Juden teilen, und Folgendes passiert:

A: Ich würde mein Quartier lieber mit arischen Männern als mit jüdischen Frauen teilen.

June nahm den Stift zur Hand und ließ ihn über den Worten »jüdische Frauen« schweben. Sie passten nicht ganz. Frau Spitzy hatte auf Deutsch nicht »jüdische Frauen« gesagt, sondern *Jüdinnen*. Das war schlicht der weibliche Plural von *Jude*, Juden weiblichen Geschlechts. Und dann war da noch Frau Spitzys von unverstellter, reflexartiger Verachtung geprägter Tonfall gewesen – plötzlich hatte sie eine Eingebung. Mit dem Stift strich June die beiden Wörter durch und ersetzte sie durch ein einziges, sodass der Satz lautete:

A: Ich würde mein Quartier lieber mit arischen Männern als mit Judenfrauen teilen.

Das war es. Eine kleine Veränderung, die den entscheidenden Unterschied machte. Mit ihr hatte June den beleidigenden Geist der Worte der Nationalsozialistin erfolgreich eingefangen. Zuerst spürte sie eine schuldbewusste Zufriedenheit, doch dann begriff sie erschrocken, dass dies im Gegensatz zum Adjektiv »jüdisch« mit dem Hauptwort »Jude« immer möglich sein würde. Ein jüdischer Anwalt – ein Judenanwalt. Ein jüdischer Bankier – ein Judenbankier. Ein jüdischer Knabe – ein Judenknabe. Die Wörter rasten durch ihren Kopf, wechselten von Weiß zu Schwarz, während sie sie aussprach. June durchforstete ihr mit Vokabeln gefülltes Gehirn, aber ihr fiel kein anderes Wort ein, mit dem das möglich war, bei dem sich das Nomen in dieser Weise als Adjektiv verwenden ließ. Warum hatte das Austauschen der Wortart eine so große Wirkung? Weil es suggerierte, dass der Sprechende für Juden so wenig übrighatte, dass er sich nicht einmal Zeit für grammatische Erwägungen nahm? Oder vielleicht ... vielleicht deutet die Formulierung »jüdischer Bankier« an, dass es sich um einen Mann handelt, der zufällig ein Jude ist, aber die Formulierung »Judenbankier« deutet an, dass er vor allem anderen und für immer und ewig ein Jude ist, womit auch immer er sein Geld verdient – das Wort an sich bleibt unverändert, weil er und alle anderen von seiner Art sich niemals ändern werden. Und über ihre Reflexionen und Rationalisierungen hinaus begriff June zum ersten Mal, dass das Wort selbst, »Jude«, nicht »jüdisch«, einfach das nackte Wort »Jude«, eine fließende virulente Energie in sich trug: dass seine zwei kleinen Silben die gesamte Zeit und die gesamte Angst und den gesamten Hass seiner Geschichte enthielten. Darum wollten die Nichtjuden es ausspucken.

Ich habe nie versucht, mein Jüdischsein zu verbergen, bis auf ein einziges Mal, das mit *The Secret Purposes* in Verbindung steht. Kurz nachdem das Buch im Jahr 2004 erschienen war, ging ich in meine örtliche Buchhandlung und sah, dass es in der Abteilung für jüdische Themen stand. Ich verspürte den starken Drang, es dort wegzunehmen und irgendwo anders im Laden hinzustellen.

Und zwar gar nicht unbedingt in die Ecke mit den besonderen Empfehlungen. In Interviews vor dem Erscheinen von *The Secret Purposes* sprach ich viel darüber, dass es vornehmlich eine Liebesgeschichte sei und ebenso sehr von der britischen Geschichte wie vom Jüdischsein handle. Das lag daran, dass ich nicht wollte, dass es nur von Juden gekauft und gelesen wurde. Es war daher ein wenig deprimierend, dass auf der Amazon-Seite von *The Secret Purposes* unter *Wird oft zusammen gekauft* hier Amos Oz und da die jüdisch-britische Autorin Anita Brookner, verschiedene Bücher mit Hitler im Titel und *How to Raise a Jewish Dog* von The Rabbis of the Boca Raton Theological Seminary zu finden waren.

Doch ich glaube eigentlich nicht, dass es mir darum ging, mein Jüdischsein vertuschen zu wollen. Ich glaube, in Wahrheit war das Gegenteil der Fall. Ich reagierte auf die Errichtung eines Ghettos in diesem Buchladen. Es gab in diesem Laden keinen Bereich mit asiatischen oder schwarzen Themen. Denn damit wären diese Ethnien und diesen Ethnien angehörende Autoren als von der Kultur in ihrer Gesamtheit getrennt markiert worden. Zwar hätte es die Aufmerksamkeit dafür erhöht, dass die Autorinnen von Büchern wie *Zähne zeigen* oder *Brick Lane* People of Colour waren, und das wäre etwas Positives gewesen, aber in einer Buchhandlung würde nicht davon ausgegangen werden, dass diese Werke einer irgendwie vom Rest der modernen britischen Literatur abgetrennten Kategorie zugeordnet werden müssten. Im Gegenteil: Solche Romane wurden und werden – zu Recht – als Paradebeispiele für große neue britische Literatur gefeiert, Hervorbringungen einer Diversität, die schlicht das heutige England widerspiegelt.

Mir fällt kein britisch-jüdischer Roman ein, auf den das zuträfe (in den USA ist das abermals anders, von Saul Bellow und Philip Roth bis hin zu Jonathan Safran Foer und Nicole Krauss). Der berühmteste jüdische Romancier in Großbritannien ist Howard Jacobson, der 2010 für *Die Finkler-Frage* den Man Booker Prize erhielt. Aber obwohl er den Booker gewann, werden seine Werke noch immer im Wesentlichen als jüdische Romane betrachtet und nicht so, als brächten sie in gesellschaftlicher Hinsicht irgendetwas über diese Ethnizität Hinausgehendes zum Ausdruck. Sucht man ein Buch, das heutzutage als ganz und gar repräsentativ für unser Land gilt, findet man es in Bernardine Evaristos *Mädchen, Frau etc.*, über das der *New Statesman* schrieb: »Wenn man das moderne England verstehen will, ist dies die Schriftstellerin, die man lesen muss.« Ein werbendes Zitat dieser Art wird man weder auf der Rückseite von *Die Finkler-Frage* noch auf irgendeinem anderen Roman finden, der offensiv mit dem Jüdischsein umgeht.

Das Problem ist, dass die Juden in einem soziokulturellen Graubereich existieren. Juden sind zwar marginal, gelten aber nicht als *marginalisiert*. Was bedeutet, dass Juden nicht als repräsentativ für ein modernes England angesehen werden können, das darauf aus ist, marginalisierte Erfahrungen in den Mainstream zu verlagern. Juden *repräsentieren* daher in den Augen der Progressiven nichts weiter als sich selbst. Kein Sieg kann errungen werden, indem man sich für die stärkere Wahrnehmung ihrer Erfahrung einsetzt, und das führt zu ihrem subtilen – und unbewussten – Ausschluss.

Manchmal treten die unbewussten Einstellungen der Progressiven den Juden gegenüber auf sonderbare Weise zutage, so zum Beispiel, als der damalige Vorsitzende der Labour Party

Jeremy Corbyn während einer Fernsehdebatte den Namen des pädophilen Sexhändlers Jeffrey Epstein als »Epschtien« aussprach. Manche sahen darin ein unbewusstes Hervorheben der jüdischen Abstammung einer widerwärtigen Person. Ich bin nicht Jeremys Psychiater und habe keine Ahnung, ob in seiner Äußerung unbewusster Antisemitismus mitschwang oder nicht, aber als ich auf Twitter* schrieb: »Jeder Jude hat das bemerkt« – eine Selbstverständlichkeit –, schrien Corbyns Anhänger auf mich ein.

Mehr als Corbyns Aussprache des Namens offenbart dieses Geschrei die unbewussten Einstellungen. Die Leute, die dort auf mich einbrüllten, sind dieselben, die auf den Journalisten Piers Morgan einbrüllen würden, wenn er beispielsweise wieder behauptete, es sei nichts Rassistisches an der Art und Weise, wie Meghan Markle von der britischen Presse behandelt wird. Dieselben Leute würden augenblicklich betonen, dass Morgan nicht über Rassismus gegenüber People of Colour sprechen könne, weil er ihn selbst nie erfahren hat – es ist das Vorrecht der Opfer jeder bestimmten Art von Rassismus, diese Art von Rassismus zu definieren. *Sie* dürfen sagen, was rassistisch ist und was nicht, und Piers Morgan darf es nicht.

Jemand, der nicht auf mich einschrie, war Laura Murray, Leiterin der Beschwerdestelle der Labour Party, die mir auf meinen Tweet hin eine sehr höfliche E-Mail schrieb, in der sie

---

* Ich werde in diesem Buch noch einige Male auf Twitter zu sprechen kommen. Ich entschuldige mich bei allen Leserinnen und Lesern, die dort nicht vertreten sind. Aber die Wahrheit ist nun einmal, dass das kulturelle Gespräch über Identitätspolitik wohl oder übel zum Großteil in den sozialen Medien stattfindet, und an erster Stelle wohl auf dieser Plattform.

ihre Hoffnung zum Ausdruck brachte, ich würde nicht wirklich glauben, dass Corbyns Aussprache von Epsteins Namen als »Epschtien« irgendeine Bedeutung gehabt habe, ob unbewusst oder nicht. Was ich nicht behauptet hatte. Ich hatte geschrieben: »Jeder Jude hat das bemerkt.« Wir leben heutzutage in einer Kultur, in der die Wirkung wichtiger ist als die Absicht; in der es stärker darauf ankommt, wie Äußerungen aufgenommen werden, als darauf, wie sie gemeint waren. Man muss eher denen zuhören, über die gesprochen wird, als dem, der über sie spricht – und im Laufe der Geschichte lag die Macht immer eher beim Sprecher, bei der Person, die über die Bühne verfügte, als bei denen, über die gesprochen wurde und die meist die Betroffenen sind.

Ich weiß nicht, ob das gut ist oder nicht. Aber es ist eine Tatsache. Es ist so: Unser Diskurs hat sich zugunsten derer verschoben, über die gesprochen wird. Es ist ein progressiver Glaubenssatz – der während der Black-Lives-Matter-Proteste im Zuge der Ermordung George Floyds stark an Bedeutung gewann –, dass diejenigen, die keinem Rassismus ausgesetzt sind, zuhören müssen, lernen müssen, akzeptieren statt hinterfragen müssen, wenn andere über ihre Erfahrungen sprechen. Nur gilt das offenbar nicht, wenn Juden es tun. Nichtjuden, progressive Nichtjuden eingeschlossen, sagen Juden immer noch allzu gern, ob das über sie Gesagte tatsächlich rassistisch war oder nicht.

Das liegt zum Teil daran, dass antijüdischer Rassismus in den Augen vieler Menschen gar kein Rassismus ist. Schließlich trägt er einen anderen Namen, es wird immer wieder von »Antisemitismus und Rassismus« gesprochen. In gewisser Hinsicht ist das auch richtig so, weil nicht alle Arten von Rassismus gleich *sind*. Rassismus gegenüber People of Colour *ist* anders geartet als Rassismus gegenüber Juden. Die Frage, die dieses Buch stellt, ist bloß, warum ein Unterschied in der Art und Weise einem unterschiedlichen Stellenwert gleichkommen sollte.

Leider erweckt die Trennung von Antisemitismus und Rassismus bei manchen auch den Eindruck, es handle sich um zwei völlig verschiedene Dinge. Wenn ich im Internet von Rassismus gegenüber Juden spreche, wird – auf der Linken wie auf der Rechten – manchmal Einspruch erhoben und behauptet, Juden würde keine »*Rasse*« zugeschrieben, sie könnten daher keinem Rassismus ausgesetzt sein. Das ist ein alter Hut, meist von denen vorgebracht, die gelernt haben, dass Rassismus etwas Schlechtes ist, denen es aber gegen den Strich geht, wenn diese leidvolle Erfahrung auf Juden ausgedehnt wird: Also stufen sie die Kategorie des Antisemitismus auf religiöse Intoleranz den Juden gegenüber hinunter. Was ihnen dann mehr Spielraum lässt, denn religiöse Intoleranz ist *nicht so schlimm* wie Rassismus. (Tatsächlich ließe sich religiöse Intoleranz nach dieser Sichtweise beinahe als etwas Gutes betrachten, ist Religion an sich doch ein mit Macht und Geld ausgestattetes Glaubenssystem und damit der Satire und des Spotts würdig.)

Nur dass Antisemitismus sehr wenig mit Religion zu tun hat. Wie ich schon oft sagte: Ich bin Atheist, aber die Gestapo würde mich schon morgen trotzdem über den Haufen schießen.*

---

* Ich weiß nicht genau, warum ich »morgen« sage, denn sie würden mich zweifellos auch heute schon über den Haufen schießen, aber »morgen« klingt irgendwie passender. Vielleicht habe ich zu viele Filme gesehen, in denen Nazis versteckte Juden aufspüren und sie dann irgendwohin bringen, um sie dort zu erschießen.

Judenhassende Rassisten fragen den Juden, den sie beleidigen, nie, wie oft er in die Synagoge geht. Sie sehen einfach den jüdischen Namen und wissen Bescheid. Darum ist es Rassismus. Das Jüdischsein ist genau wie die Hautfarbe ein bloßer Umstand der Geburt, und nach Ansicht der Rassisten – und traurigerweise sind sie es, auf die es ankommt, wenn es um Rassismus geht – kann man beides niemals ablegen.

Wenn mein progressiver Freund sagt: »Aber das Y-Wort ist doch nicht so schlimm wie das N-Wort?«, dann mag ich vielleicht fassungslos sein, aber ein Teil von mir ist es auch nicht. Ein Teil von mir ist ihm tatsächlich dankbar, dass er die Diskrepanz der Einstellungen gegenüber unterschiedlichen Arten von Rassismus so deutlich offenlegt. Der Gedanke lautet: Ja, klar, Antisemitismus ist nicht schön, aber wir sollten ihn nicht mit Rassismus gegenüber schwarzen oder braunen Menschen vergleichen. Juden sind schließlich weiß. Oder etwa nicht?

Viele Progressive würden das bejahen. Mear One – dessen Klarname Kalen Ockerman lautet – ist der Street Artist, der das Wandbild gestaltet hat, das im Zentrum eines ganz bestimmten Kapitels des Buchs *Er ist ein Antisemit vs. Nein, er ist keiner, das ist üble Verleumdung* steht, mit anderen Worten, des Buchs über den ehemaligen Vorsitzenden der Labour Party Jeremy Corbyn. Der Bürgermeister des Londoner Stadtbezirks Tower Hamlets ließ dieses Wandbild, das einen Trupp kapitalistischer Banker zeigte, der auf den Rücken der Armen der Welt Monopoly spielt, im Jahr 2012 nach Beschwerden ortsansässiger Juden entfernen. Mear One ist natürlich *total* progressiv. Er könnte gar nicht *woker** sein. Ich meine, er ist schließlich Street Artist.

Und trotzdem war sein Wandbild rassistisch. Oder zumindest fanden das die Juden offenbar. Wie konnte das sein? Ganz dumm gefragt: Wie konnte einem scheinbar so linksgerichteten Menschen etwas scheinbar so Rechtsgerichtetes vorgeworfen werden?

Mear Ones eigene Reaktion darauf, dass sein Wandbild derart heruntergeputzt wurde, war aufschlussreich. Er sagte: »Einige der älteren weißen jüdischen Leute in der Gemeinde hatten ein Problem damit, dass ich ihren geliebten #Rothschild oder #Warburg dargestellt habe.« Lassen wir den herablassenden Goebbels-artigen Tonfall einmal beiseite – den jemand, der gegenüber einer anderen ethnischen Minderheit tatsächlich »*woke*« ist, niemals anschlagen würde – und überlegen stattdessen, warum Mear sich entschied, diesen beiden Namen Hashtags hinzuzufügen.

Der Satz wurde auf seiner Facebook-Seite gepostet, weshalb sich die mit Hashtags versehenen Namen anklicken lassen. Das bedeutet, Mear sagt nicht bloß: »Ich habe Rothschild gemalt, den jüdischen Bankiersspross«, sondern: »Ich habe Rothschild gemalt, den jüdischen Bankiersspross, dessen Namen ihr jetzt bis in die finstersten Ecken des Internets verfolgen

---

* Ich habe dieses Wort bisher vermieden. Vielleicht wäre einfacher gewesen, es früher zu verwenden – als Kurzform für die Progressiven auf der richtigen Seite der Geschichte usw. –, aber ich finde, es ist in letzter Zeit zu einem zu häufig verwendeten, etwas bequemen Begriff geworden, vor allem wenn es von den erbitterten Verfechtern der Redefreiheit als Kratzbaum benutzt wird. Außerdem wurzelt der Begriff in der Bürgerrechtsbewegung, und diese Verwendung respektiere ich. Aber ich glaube, er beschreibt, wie Mear One sich selbst betrachten würde.

könnt, was euch helfen wird zu begreifen, wie dieser jüdische Bankiersspross die Welt kontrolliert.«

Aber wichtiger noch erscheint mir Mears bewusste Ergänzung des Wortes »weiß«. Wie wir wissen, wird heutzutage so gut wie jeder Angriff auf den Status quo von der Annahme begleitet, dass der Gegner weiß, hetero und männlich ist, doch weiß ist der wichtigste Bestandteil der Trilogie. Ich teile diese Ansicht. Ich teile die Ansicht, dass Weißsein gewaltige Privilegien mit sich bringt, die der weißen Person oft nicht einmal bewusst sind.

Aber Juden sind nicht weiß. Oder jedenfalls nicht ganz. Oder zumindest fühlen sie sich nicht immer so. Ich meine nicht bloß, dass manche Juden aus dem Nahen Osten stammen und einen entsprechenden Melanin-Anteil haben. (Auch wenn einer meiner ersten Witze als Stand-up-Comedian war: »Ich bin in meinem Leben zweimal verprügelt worden – einmal als Jude und einmal als Pakistaner.«) Ich meine, dass Weißsein keine Frage der Hautfarbe ist, sondern eine Frage der Sicherheit. Es bedeutet, dass man geschützt ist, weil man Teil der Mehrheitskultur ist. Geschützt vor Vorurteilen, vor Diskriminierung, davor, zu Bürgern zweiter Klasse gemacht zu werden, vor Enteignung und Genozid. Was Juden – Sie ahnen vielleicht, worauf ich hinauswill – nun mal nicht immer gewesen sind. Wenn Mear diese historische Wahrheit über Juden ignorierte – indem er sie »weiß« nannte –, untermauerte er seine Legitimation als »Streiter für die Unterdrückten«. Er sagt: Ja, ich karikiere Juden, aber das ist in Ordnung, weil sie für Privilegien und Macht und Kontrolle stehen und all die anderen Dinge, die das Wort »weiß« umfasst. Juden sind die da oben, und als Street Artist habe ich den Auftrag, die da oben zu kritisieren.

Auftritt Jeremy Corbyn. Es ist 2012, und Jeremy ahnt noch nicht das Geringste von seinem künftigen Schicksal. Jeremy sieht, wie der Street Artist demontiert wird, und Jeremys Rebellenradar schlägt an. Als alter Marxist bemerkt er natürlich die historischen Parallelen, bei denen die Namen Lenin, Rockefeller und Diego Rivera mit seinen politischen Wandgemälden eine Rolle spielen, und er stellt sich auf Facebook hinter Mear.

Was er nicht bemerkt, ist der Antisemitismus. Er sieht nicht die anderen historischen Parallelen, die vollkommen offensichtlich sein sollten: die zwischen dem Wandbild und den Darstellungen hakennasiger jüdischer Bankiers als Ausbeuter der Welt, die Woche für Woche in der Nazi-Zeitung *Der Stürmer* erschienen. Ihm fällt nicht auf, dass das Wandbild auf dem Umschlag so gut wie jeder Neuausgabe von *Die Protokolle der Weisen von Zion* prangen könnte, dem gefälschten Text von 1903, der angeblich eine jüdische Verschwörung mit dem Ziel der Weltherrschaft aufdeckt.

Das heißt nicht unbedingt, dass Corbyn in dem aktiven Sinn, den ich weiter oben ansprach, Antisemit wäre. Wie Mear One ist er ein Rebell, ein Vorkämpfer der Unterdrückten. Es gibt ein Video, in dem Corbyn sehr emotional auf einer Demonstration zum Gedenken an die Schlacht in der Cable Street spricht, bei der im Jahr 1936 bei ihrem Aufmarsch im Londoner East End Oswald Mosleys Faschisten zurückgedrängt wurden. Die damaligen Juden, auf deren Häuser Mosleys Schwarzhemden das Y-Wort schmierten, waren eindeutig unterdrückt. Und Jeremy Corbyn kann darum leidenschaftlich und mit bebender Stimme für sie sprechen. Aber für heutige Juden mit mittlerem Einkommen sprechen, die aufgeregt und ängstlich sehen, wie offenbar Juden an den Wänden desselben

East End auf groteske Weise dargestellt werden – das kann er weniger.

Ich bin mir allerdings nicht sicher, ob Corbyn überhaupt wusste, dass das Wandbild Rothschild und Warburg zeigen sollte. Er wird es nicht erkannt haben. Denn er wird zuerst etwas anderes darin erkannt haben: eine Geste wider die kapitalistische Macht. Das ist der Schlüssel zu den Antisemitismus-Vorwürfen gegen Corbyn in seiner Zeit als Parteivorsitzender. Corbyn ist keiner, der Juden hasst, sondern – wie die meisten Progressiven, wie mein Freund, der meinte, das Y-Wort sei doch wohl nicht so schlimm wie das N-Wort – einer, der antijüdischem Rassismus in der Hierarchie der wirklich bedeutsamen Dinge einen niedrigeren Stellenwert zuweist. Einen so niedrigen, dass er womöglich gar nicht auftaucht. Ein späteres Beispiel dafür wäre Corbyns Fernsehinterview mit Andrew Neil auf BBC 1 vor der Unterhauswahl des Jahres 2019. Darin las Neil ein Zitat aus einer Facebook-Gruppe der Labour Party vor, das die Formulierung enthielt: »Rothschild-Banker kontrollieren Israel und die Weltregierungen«, und fragte Corbyn, ob er das vielleicht für antisemitisch halten würde. Es handelt sich selbstverständlich um ein Beispiel für Hochstatus-Rassismus: um die Vorstellung, dass Juden die Welt durch Heimlichtuerei und Finanzen kontrollieren. Corbyn aber wollte nicht sagen, dass es antisemitisch war. Erst nach einer Reihe von Antworten und Ausflüchten (und das zu einer Zeit, in der es für ihn opportun gewesen wäre, eine solche Aussage in Bausch und Bogen zu verdammen) sagte er schließlich, man könne darin eine antisemitische Wendung erkennen. Und das ist der Punkt. Jemand wie Corbyn sieht in einem Satz wie dem oberen den Antikapitalismus, ehe er den Antisemitismus sieht. Man *kann* ihn dazu bringen, den Antisemitismus widerwillig anzuerkennen, aber einem anderen Teil von ihm wird es immer zutiefst widerstreben, eine antikapitalistische Aussage überhaupt anfechten oder verurteilen zu müssen. Der Antikapitalismus ist tief in ihm verwurzelt. Macht man ihn darauf aufmerksam, dass Antikapitalismus manchmal in Antisemitismus übergeht, ist sein erster Instinkt, den Antikapitalismus zu schützen und den Antisemitismus irritiert zurückzuweisen.

Ich glaube, es wäre nicht fair, Corbyn zu unterstellen, dass er den potenziellen Antisemitismus in der Darstellung des Wandgemäldes erkannt und ihn *dann* für irrelevant erklärt hat. Er war gar nicht Teil des Bilds.

Seines Bilds, heißt das: *seiner* Sichtweise des Wandgemäldes. Doch *ist* Antisemitismus eben durchaus Teil des Gemäldes. Es gibt sowohl auf linker als auch auf rechter Seite eine sehr lange Geschichte der Darstellung kapitalistischer Macht als jüdischer Macht. Entwickelt hat sie sich aus einer Ästhetik, die viel älter ist als der Kapitalismus selbst, einer Ästhetik, in der Juden mindestens seit dem späten dreizehnten Jahrhundert in Malerei und Bildhauerei regelmäßig als fratzenhafte Wasserspeier und Teufel dargestellt wurden. In unserer künstlerischen Tradition – man sehe sich die Punch-and-Judy-Marionettenstücke an, Hexen, Märchenspiele, Bond-Bösewichte – wird das Böse als dunkelhäutig und hakennasig dargestellt. In unser tiefstes kollektives Unbewusstes ist das Gesicht Satans – wer auch immer unser Satan sein mag – als das Gesicht des Juden eingeschrieben. Bei all ihren antirassistischen Weihen hat sich die Linke gegen diese Bildsprache – das Judengesicht, das Judenhaar, der dicke Judenbanker, der seine dicke Zigarre raucht – nie gesperrt. Sie bleibt die maßgebliche Darstellungsweise des durchtriebenen, bösen kapitalistischen Feinds. Und wenn man darin kein Problem sieht – wenn man denkt: Na ja, so sieht unser Feind eben aus –, dann nimmt man es hin. Es ist eine Grundeinstellung.

Ich habe auch zuvor schon im Netz thematisiert, dass Juden nicht weiß seien – und sogar den Hashtag #Jewsnotwhite benutzt –, und jedes Mal stelle ich fest, dass sich manche Progressive gegen diese Vorstellung sträuben. Natürlich erkenne ich an, dass Juden als Nichtjuden »durchgehen« und damit, außer in historischen Fällen, wenn ihre Ethnizität durch die gesetzliche Auferlegung gelber Sterne oder anderer Insignien auf gewaltsame Weise kenntlich gemacht wurde, der Art von unmittelbarem Rassismus von Angesicht zu Angesicht entgehen können, der People of Colour Tag für Tag ausgesetzt sind. Aber dennoch: Antirassisten müssen dem Feind zuhören. Denn Antirassismus existiert nur, um Rassisten zu bekämpfen; seine Bedeutung liegt allein im Widerstand. Gäbe es keine Rassisten, dann gäbe es auch keine Antirassisten. Und die Rassisten sagen: Juden sind nicht weiß. Die Nazis sagten das die ganze Zeit – das Projekt der Juden bestand in ihren Augen darin, die weiße arische Rasse zu unterwandern. Und der Ausschluss der Juden aus der Kategorie des Weißseins ist für heutige Verfechter der *White-supremacist*-Theorie von der Überlegenheit der Weißen noch heute entscheidend. Hier ist Artikel V von Harold Covingtons *Constitution for the Ethno-State*, einer Bibel amerikanischer weißer Nationalisten: »Die gemeinhin als Juden bekannte Rasse ist in Kultur und historischer Tradition ein asiatisches Volk und darf nicht als weiß betrachtet werden oder dem Gesetz nach weißen Rassenstatus erhalten.«

Tatsächlich ist es für die Ideologie aller *White Supremacists* von grundlegender Bedeutung, Juden vom Weißsein auszuschließen. Die Ausschreitungen in Charlottesville von 2017 wurden durch eine Demonstration unter dem Namen *Unite the Right* in Gang gesetzt. Dabei fiel unter anderem der Hauptschlachtruf auf, zu dem die Fackeln schwenkenden weißen Paramilitärs marschierten: »Die Juden werden uns nicht ersetzen!« Das erschien zunächst verwirrend. Ich schrieb auf Twitter:

> **@Baddiel** *Natürlich nicht. Die Tiki-Fackeln, das Hemd, der dümmlich selbstzufriedene Gesichtsausdruck: Nichts davon würden wir hinkriegen.*

Aber ich hatte es missverstanden. In dem ursprünglich von dem die Proteste anführenden bekannten Neonazi Richard Spencer als Losung geposteten Schlachtruf klingt die Verschwörungstheorie des Großen Austauschs an, der zufolge insgeheim Juden als treibende Kraft hinter Immigration und Multikulturalismus stecken, um arische Weiße zu unterwandern und letztlich auszutauschen. Die Juden versuchen nicht, Weiße durch Juden zu ersetzen. Sie versuchen, Weiße durch braune und schwarze Menschen zu ersetzen, und ziehen im Hintergrund die Fäden. Diese Verschwörungstheorie ist in der extremen Rechten tief verwurzelt. Sie ist der Grund dafür, dass 2018 in Pittsburgh elf Juden ermordet wurden. Der Mörder, Robert Bowers, schrieb vor seiner Tat auf der ultrarechten Social-Media-Plattform Gab, die Hebrew Immigrant Aid Society (eine wohltätige Vereinigung mit Verbindungen zur Synagoge Tree of Life, die Geld für Flüchtlinge sammelte) hole, in seinen Worten, »Eindringlinge ins Land, die unser Volk töten«.

Um das zu verstehen, muss man noch einmal überdenken, was ich weiter oben darüber schrieb, dass Juden die einzigen Ziele von Rassismus sind, denen ein zweifacher, sowohl hoher als auch niedriger Status zugewiesen wird. Beim Großen Austausch sind die Juden nicht weiß – sie können es nicht sein, da sie gegen die Weißen vorgehen und ihr Hauptfeind sind –, aber sie sind auch nicht braun oder schwarz, weil sie die so Rassifizierten für ihre verborgenen Welteroberungszwecke instrumentalisieren. In den Augen der Rassisten haben Juden keine Hautfarbe. Das ist Teil ihrer heimtückischen Macht. Juden sind unsichtbar, sie wirken ihre schreckliche Magie hinter den globalen Kulissen, und sie verfügen nicht einmal über äußere Kennzeichen, anhand derer man sie identifizieren könnte. (Es sei denn, man hält sie für Echsenmenschen. Und interessanterweise scheinen viele von denen, die an Echsenmenschen glauben, auch Antisemiten zu sein.)

In jedem Fall sagen die Rassisten, Juden seien nicht weiß. Das Problem ist, dass die Progressiven im Allgemeinen meinen, sie seien weiß und verdienten daher eigentlich nicht den Schutz, den progressive Bewegungen allen Rassismus ausgesetzten Nichtweißen bieten. In manchen Fällen werden Juden und Jüdischsein eingesetzt, um ein noch stärkeres Weißsein als normal zu signalisieren. Jessica Krug kann man durchaus als eine Progressive bezeichnen: Ihre Online-Biografie beschreibt sie als Privatdozentin an der George Washington University, die ausführlich über Afrika, Lateinamerika, Diaspora und Identität geschrieben hat, während sie für sich selbst eine schwarze, lateinamerikanische Abstammung beansprucht. Aber im September 2020 outete sie sich als Weiße. Wie auch schon die bekanntere Rachel Dolezal vor ihr hatte sie eine Lüge gelebt. Anders als bei Rachel Dolezal aber hieß es in vielen Berichten über Krug nicht nur, sie sei weiß: Sie wurde regelmäßig als »weiß und jüdisch« bezeichnet.

> »Schwarze« Professorin Jessica Krug gibt zu, in Wahrheit weiß und jüdisch zu sein

Warum? Was spielt ihr Jüdischsein für eine Rolle? Nun, gemäß dem Gesetz von Schrödingers Weißen, einem brillanten Einfall, der nicht von mir stammt und dem zufolge Juden je nach politischer Einstellung des Betrachters weiß oder nicht weiß sind, verbessert Krugs Jüdischsein vor diesem Hintergrund die Geschichte. Sie ist nicht schwarz. Das ist die Geschichte. Und eine Möglichkeit, eine noch größere Geschichte daraus zu machen, den Gegensatz zu dem, was sie zu sein vorgab, noch *stärker* zuzuspitzen, besteht darin, ihr Jüdischsein hochzuspielen, als würde es ihr Weißsein noch zusätzlich verstärken. Tief unter der Oberfläche liegt hier ein doppelter Rassismus: die Vorstellung, dass Juden reich sind, was schwarze Menschen angeblich nicht sein können, und dass durch dieses Reichsein die Implikationen des täglichen mühsamen Kampfes gegen Widerstände, der Opferstatus, mit denen Krug sich in Zusammenhang zu setzen hoffte, *in besonderer Weise* ausgelöscht wurden, wenn sie jüdisch ist. Weil Juden nicht mühsam gegen Widerstände ankämpfen müssen, können Juden keine Opfer sein. Trotz allem, was uns eine zweitausendjährige Geschichte gelehrt hat.

Da ich Komplexität nicht außen vor lassen will, möchte ich hinzufügen, dass Krug selbst in dem Blogpost mit ihrem Outing schrieb: »Ich bin meiner gelebten Erfahrung als weißes jüdisches Kind in der Vorstadt von Kansas City aus dem Weg gegangen.« Abgesehen davon, dass die Betonung ihrer jüdischen Herkunft durch sie selbst noch kein Grund dafür ist, sie laufend in der Presse hervorzuheben, ist für sämtliche Leserinnen und Leser des Blogeintrags offenkundig, dass Jessica Krug wie andere Juden, von denen ich bis hierher gesprochen habe, einen tiefen Selbsthass empfindet. Es ist offenkundig, dass Jessica Krug sich selbst dafür hasst, weiß und jüdisch zu sein, und komplett dem Mythos aufgesessen ist, dass Jüdischsein Privileg und Macht repräsentiert, und während sie sich in Sack und Asche hüllt, wie es sich für jemanden gebührt, der nach einer derartigen Lüge – vor allem einer derart anstößigen Lüge – endlich mit der Wahrheit herausrückt, ist es für sie selbst wichtig, dass sie dieses Privileg und diese Macht besitzt. Es ist, mit anderen Worten, wichtig für sie, dass sie mit der Erzählung übereinstimmt.

Nehmen wir einmal das Akronym BAME. Viele von denen, die es im britischen Diskurs bezeichnet, mögen es nicht, aber es wird heute dennoch häufig verwendet und steht für Black, Asian and Minority Ethnic – Schwarze, Asiaten und ethnische Minderheiten. Juden sind eine ethnische Minderheit. Aber in England wurde vor Kurzem Sajid Javid als der erste BAME-Schatzkanzler gefeiert, der Tatsache zum Trotz, dass Margaret Thatchers Schatzkanzler Nigel Lawson jüdisch war und ist. 2017 waren die Progressiven erzürnt, weil die BBC eine Liste ihrer höchstbezahlten Moderatoren veröffentlichte und niemand mit BAME-Hintergrund darauf stand – obwohl Claudia Winkleman und Vanessa Feltz darunter waren. Ich selbst schrieb an Mohit Bakaya, als verkündet worden war, er sei der erste BAME-Vorsitzende von BBC Radio 4, um ihm zu gratulieren und darauf hinzuweisen, dass der Jude Mark Damazer ihm in Wahrheit zuvorgekommen war, was aber niemand bemerkt hatte (Mohit sagte, es hätte ihn zum Lachen gebracht).

Aber vielleicht können wir die Sache abkürzen. Lassen Sie mich Ihnen, liebe Leserin, lieber Leser, eine Frage stellen: Halten Sie Juden für BAME? Ich tue es, und darum geht es ja unter anderem in diesem Buch: Es ist eine Polemik darüber, dass man Juden irgendwo in dem Minority-Ethnic-Teil von BAME einordnen *sollte*. Bloß glaube ich, dass die meisten Menschen diese Ansicht nicht teilen. Sie würden sich vielleicht vornehmen, Juden nicht aktiv auszuschließen, sobald jemand wie ich ihnen erklärt, dass Juden tatsächlich eine ethnische Minderheit darstellen, die diskriminiert wird und Rassismus ausgesetzt ist. Aber ich glaube, diese Akzeptanz wäre begleitet von einer Art *Ach ja, kann schon sein, hab nie wirklich drüber nachgedacht.*

Mit BAME geht ein Bild einer, das von der Hautfarbe abhängt. Es geht hoffentlich – wenngleich das in der Praxis oft scheitert – auch ein Nutzen damit einher. Als BAME sollte man – dafür existiert die Kategorie – von positiver Diskriminierung profitieren. Und Juden tun das nicht. Juden sind eine ethnische Minderheit, und sie tun es einfach nicht. Sie können das googeln. Versuchen Sie einmal, irgendein Beispiel für Juden in der Geschäftswelt, in der Bildung, in der Politik, in kulturellen Einrichtungen zu finden, denen aufgrund ihrer Ethnie irgendein Vorteil eingeräumt wird. Das liegt daran, dass sie es eben nicht brauchen, denken Sie jetzt gewiss. Aber was bedeutet das, und wohin führt dieser Gedanke?

Nehmen wir einmal mein eigenes Geschäftsfeld, die Unterhaltungsbranche. Kein unabhängiger Filmproduzent, der auf Inklusion erpicht ist, hat je gedacht: Okay, wir möchten diesen Film gern mit mehr jüdischen Schauspielern besetzen; kein interessanter Regisseur im Avantgarde-Theater hat je gesagt: »Ich will für eine diverse Besetzung sorgen, rufen wir Maureen Lipmans Agenten an.« Ich war selbst schon in Meetings zu Fernsehshows und hörte jemanden – ganz zu Recht – sagen, wir müssten dafür sorgen, dass die Show wirklich divers wird, und mir lag der Satz auf der Zunge: Na ja, ich bin Jude. Aber ich spreche ihn nie aus, weil ich weiß, dass ich dafür nur verständnislose Blicke ernten würde: *Na und?*

In Bezug auf das umkämpfte Thema der Besetzung von Minderheiten in Filmen und Serien bleiben Juden die einzige Minderheit – und wir reden jetzt nicht nur von Ethnizität, sondern auch von Menschen mit Behinderung, trans Menschen, Menschen mit Autismus und vielen anderen Kategorien –, bei der der Schauspieler nicht in Übereinstimmung mit dem realen Gegenstück besetzt werden muss. Würde beispielsweise eine trans Rolle an irgendjemand anderen als einen trans Schauspieler vergeben, führte das unmittelbar zu einem Aufschrei und zöge Konsequenzen nach sich: 2018 wurde *Rub & Tug*, ein Film über einen trans Sexarbeiter, in dem die cis Schauspielerin Scarlett Johansson die Hauptrolle spielen sollte, nach Protesten der trans Community gestoppt, und auf ähnliche Weise wurde Halle Berry im Jahr 2020 vorübergehend gecancelt – vertiefen wir nicht weiter, was das bedeutet –, nachdem sie verkündet hatte, sie freue sich darauf, für die Rolle eines trans Mannes in einem anderen Film zu recherchieren. Eine trans Rolle muss an einen trans Schauspieler gehen, schwarze oder braune Rollen selbstverständlich von schwarzen oder braunen Schauspielern gespielt werden und so weiter.*

---

* An dieser Stelle eine Einschränkung. Mir fiel auf, dass es bei Erscheinen des Films *Supernova* im Jahr 2020 keinen Aufschrei gab. Es handelt sich um eine Liebesgeschichte zwischen zwei schwulen Männern mit den heterosexuellen Schauspielern Stanley Tucci und Colin Firth in den Hauptrollen. Tatsächlich wurde der Film sogar außerordentlich positiv besprochen. Er wurde trotzdem diskutiert, und Firth sprach über seine Unsicherheit in Bezug auf das Übernehmen der Rolle. Er sagte: »Ich bin zu keinem abschließenden Urteil gekommen. Ich glaube, die Frage bleibt weiterhin offen.« Zu solchen Diskussionen kommt es kaum, wenn Juden von Nichtjuden dargestellt werden. Aber ich glaube, hier spielt auch hinein, dass es mit einem gewissen Mut in Verbindung gebracht wird, auf der Leinwand einen schwulen Mann zu spielen. Denn im Film hätte das jahrelang als zerstörerisch für die Karriere gegolten (und natürlich gaben ebenfalls jahrelang schwule Schauspieler vor, hetero zu sein). Ich würde behaupten, es gilt immer noch in gewisser Weise als mutig, wenn ein bedeutender heterosexueller Schauspieler in einem Mainstream-Film einen schwulen Mann spielt. Und nicht als mutig, wenn ein Nichtjude einen Juden spielt.

In der Fernsehserie *McMafia* spielte derweil James Norton (der das römisch-katholische Internat Ampleforth besucht hat) die Hauptrolle, den Juden Alex Godman. In *Ungehorsam*, einem Film über ein lesbisches Paar in einer orthodoxen Londoner Community, ist Rachel Weisz jüdisch, aber die anderen beiden Hauptdarsteller Rachel McAdams und Alessandro Nivola sind es nicht. Nur eines der vier in der vordergründig jüdischen Sitcom *Friday Night Dinner* auf Channel 4 dargestellten Familienmitglieder, Tom Rosenthal, ist tatsächlich Jude, und er hat sich in Interviews von diesem Erbe distanziert.* Die Beispiele dafür sind zu zahlreich, um sie aufzulisten, aber hier kommt ein Höhepunkt, auf den ich bei der Arbeit an diesem Buch gestoßen bin. Die britische Schauspielerin Sarah Solemani, die jüdischer Herkunft ist, erzählte mir, sie habe für die Hauptrolle in *The Marvelous Mrs. Maisel* vorgesprochen. Sie sagte, am Ende sei die Entscheidung zwischen ihr und Rachel Brosnahan gefallen, die nicht jüdischer Abstammung ist. Brosnahan bekam die Rolle. Die Sache ist die: In *The Marvelous Mrs. Maisel* geht es um Comedy, aber eigentlich geht es um Juden. Die Serie ist etwa so jüdisch, wie eine Fernsehserie nur

---

* In einem Interview mit dem *Guardian* sagte er: »Der letzte echte Jude in unserer Familie liegt vier Generationen zurück.« Interessanterweise wurde ich einmal von seinem Vater Jim Rosenthal interviewt. Das war am letzten Tag eines FA-Cups, einem – logischerweise – Samstag vor dem Wembley-Stadion. Ich sagte zum Scherz: »Sollten Sie wirklich am Schabbes hier sein, Jim?« Jim unterbrach das Interview und wies sehr nachdrücklich darauf hin, dass er kein Jude sei. »Dem bin ich dank meinem Vater entgangen«, sagte er. Was merkwürdig ist, denn laut den meisten Juden, die sich über diese Dinge Gedanken machen, vererbt sich das Jüdischsein über die mütterliche Linie. Aber wie dem auch sei, es steht mir nicht an, Jim Rosenthal zu sagen, er sei Jude (tatsächlich bin

sein kann. Rachel Brosnahan ist sehr gut in der Hauptrolle, aber – mein Judenradar funktioniert sensibel – ich wusste sofort, dass sie keine Jüdin war. Und es macht mir eigentlich auch nichts aus. Oder es würde mir nichts ausmachen, wenn mir nicht bewusst wäre, dass jede andere Minderheit in einer Serie, in der die Lebensweisen dieser Minderheit im Mittelpunkt stünden, entsprechend besetzt werden müsste. Andernfalls könnten die Produzenten den Reaktionen schlicht nicht standhalten.

Ähnlich verhält es sich mit *Hunters*, einer Serie über Nazijäger auf Amazon, in der Al Pacino die Hauptrolle des Meyer Offerman spielt.* Ich glaube, wir wissen alle, dass Al Pacino Italoamerikaner und kein Jude ist. Während ich dies schreibe, erhält der Film *Mank* über Herman Mankiewicz, den Drehbuchautor von *Citizen Kane*, großartige Besprechungen. Mankiewicz war Jude, und im Film wird das nicht unterschlagen: Er spricht in mehreren Szenen von der *ganze mispocha*, was Jiddisch für die ganze Familie ist. Die Rolle wird von dem nichtjüdischen Schauspieler Gary Oldman gespielt. Aber Oldman ist nicht nur kein Jude. In einem Interview mit dem

---

ich ihm viel später mal in der Sauna begegnet, und da wirkte er immer noch ziemlich jüdisch auf mich, aber sei's drum). Doch mich interessiert die Tatsache, dass manche Menschen mit Anteilen eines jüdischen Erbes sehr, sehr erpicht darauf sind, sich davon loszusagen. Mich interessiert (auch weil ich sie nicht empfinde) die Scham. Ich habe bei Menschen mit *Mixed-race*-Herkunft nie Entsprechendes beobachtet; vielmehr neigen sie dazu zu betonen, dass sie People of Colour sind. Afua Hirsch, die für den *Guardian* schreibt, ist gemischter Herkunft: Ihr Vater war ein deutscher Jude und ihre Mutter aus Ghana. Sie identifiziert sich als schwarz und beschreibt ihr Jüdischsein als eine »Schattenidentität«.

* Aber mehr dazu in der Fußnote S. 73

Playboy von 2006 verteidigte Oldman Mel Gibson und seine berüchtigte antisemitische Hasstirade bei seiner Festnahme wegen Alkohols am Steuer im Jahr 2002, indem er sagte, diejenigen, die sich davon beleidigt fühlten, sollten »darüber hinwegkommen«. Er fügte hinzu: »Mel Gibson lebt in einer von Juden geführten Stadt, und er hat einen Fehler gemacht, weil er die Hand gebissen hat, die ihn fütterte und die ihn nun wohl nicht mehr zu füttern braucht, weil er genug Geld hat.«

Oldman entschuldigte sich später auf ebenso uneingeschränkte wie wohlüberlegte Weise. Aber dennoch: Heute hört man nicht ein Sterbenswort darüber. Kein Sterbenswort darüber, dass er den Mythos von den Juden, die Hollywood im Schwitzkasten halten, befördert hat und es darum problematisch sein könnte, ihn als einen jüdischen Drehbuchautor zu besetzen, in einem Film, der viele andere jüdische Hollywoodgrößen der damaligen Zeit in teils negativer Weise darstellt. Noch einmal, ich sage nicht, Oldman hätte die Rolle nicht bekommen sollen; ich fordere auch nicht, dass ihm irgendwelche Auszeichnungen für seine Schauspielleistung aberkannt werden (auch wenn er *mispocha* falsch ausgesprochen hat). Ich sage, es sollte, wie es bei jeder anderen Minderheit der Fall gewesen wäre, einen Austausch darüber geben.*

---

* Ich bin mir beispielsweise ziemlich sicher, dass es zwar, wie in einer vorherigen Fußnote erwähnt, akzeptabel ist, wenn heterosexuelle Schauspieler schwule Rollen spielen, dass es aber nicht akzeptabel wäre – zumindest nicht ohne eine entsprechende Diskussion –, wenn das ein heterosexueller Schauspieler täte, der sich öffentlich homophob geäußert hat.

In der HBO-Serie *The Plot Against America* wiederum wird ein Rabbi von John Turturro dargestellt. Interessanterweise wurde er dazu befragt, wenn auch alles andere als offensiv und ohne anzudeuten, dass es vielleicht ein Problem sein könnte. Er sagte: »Ich fühle mich wie ein Jude ehrenhalber. Ich habe eine jüdische Frau und jüdische Kinder. Ich meine, ich komme aus New York, also bin ich quasi Jude!« Tja, schön für dich, John, wobei ich erstens gern gesehen hätte, was passiert wäre, hätte Halle Berry versucht, sich gegen die Vorwürfe der Transphobie auf ähnlich joviale Weise zu wehren, und zweitens der Witz über New York rassistisch ist und nicht allzu weit davon entfernt, es mit Jud York zu titulieren. Wie schon gesagt, ist es kein aktiver Antisemitismus, über den ich mich hier auslasse, sondern passiver. Nehmen wir die Abwesenheit in den Blick: In diesem Fall ist es die Abwesenheit von Umsicht. Was tut John Turturro hier *nicht*? Er macht sich keine Gedanken über Mikroaggressionen gegenüber Juden. Weil es in dieser Hinsicht keine Call-out-Culture gibt. Wäre er dagegen als eine schwule Figur in einer Fernsehserie besetzt, glaube ich, dass er sehr sorgfältig überlegen und sich viele Gedanken über die Konsequenzen machen würde, ehe er sagte: »Ich meine, ich bin in San Francisco aufgewachsen, also bin ich quasi schwul.« Lebten wir in einer Zeit, in der jede einzelne Schauspielerin und jeder einzelne Schauspieler jede einzelne Rolle spielen könnte, würde ich nicht fordern, dass nichtjüdische Schauspielerinnen und Schauspieler von jüdischen Rollen ausgeschlossen werden. Tatsächlich fordere ich das auch jetzt nicht. Ich weise auf die Diskrepanz hin, auf die Tatsache, dass es keinen Aufschrei gibt. Jedenfalls ganz sicher nicht in dem Ausmaß wie bei *Rub & Tug*, wo Johansson von dem Projekt abgezogen und dann der ganze Film gekippt wurde.*

Es gibt nie einen lauten Aufschrei, wenn Juden von Nichtjuden gespielt werden; wobei in einer Kolumne im *Jewish Chronicle* unlängst der Versuch unternommen wurde. Im September 2019 eröffnete in London ein Musical mit dem Titel *Falsettos*, das vorher am Broadway gelaufen war. Soweit ich erkennen kann – ich habe es mir nicht angesehen –, ist *Falsettos* ziemlich jüdisch; sämtliche Figuren sind Juden, und das erste Musikstück trägt den Titel *Four Jews in a Room, Bitching*. Als es in London anlief, war keiner der Darsteller jüdisch. Die Empörung entlud sich in einem offenen Brief an die Theaterzeitung *The Stage*, in dem ein neuer Begriff geprägt wurde: *Jewface*. Der Brief war von mehreren jüdischen Schauspielern, Autoren und Regisseuren unterzeichnet und griff noch einmal einige der jüngsten Beispiele für von nichtjüdischen Schauspielern verkörperte jüdische Charaktere auf:

---

* Ein besonderer Bereich, in dem das Für und Wider des *ethnic casting* sehr aufmerksam beobachtet wird, ist die Animation. Ich bin ein Riesenfan der Netflix-Animationsserie *BoJack Horseman*. Sie ist ein absolutes Meisterwerk, in meinen Augen die beste TV-Comedyserie des vergangenen Jahrzehnts (nicht die beste animierte Serie, die beste überhaupt). Ein hartnäckiges Problem der Serie und eines, für das sich ihr Schöpfer Raphael Bob-Waksberg ausgiebig entschuldigt hat, ist allerdings, dass es sich bei Diane Nguyen, einer der weiblichen Hauptfiguren, um eine US-Vietnamesin handelt, die jedoch von der weißen US-Schauspielerin Alison Brie gesprochen wird. Kürzlich postete Waksberg einen sehr langen Twitter-Thread, in dem er ausführlich erklärte, wie es zu diesem – in seinen Worten – Fehler kam und wie viel er seitdem dazugelernt und auf welche Weise die Serie Wiedergutmachung geleistet hat. Er tat das zweifellos aus Schuldbewusstsein, aber auch, weil die Besetzung der Diane in der Welt der Animationsfans zu viel Protest geführt hatte.

Wo waren die Proteste gegen Jewface, als nichtjüdische Darsteller folgende jüdische Rollen spielten, um nur einige zu nennen: James McArdle als Louis (*Angels in America*, National Theatre), Simon Russell Beale als Chaim Lehman (*The Lehman Trilogy*, NT), Lauren Ward als Rose Stopnick Gellman (*Caroline, or Change*, Hampstead), Stephen Mangan als Goldberg (*The Birthday Party*, Harold Pinter Theatre), Ian McDiarmid als Shylock (*The Merchant of Venice*, Almeida), Sheridan Smith als Fanny Brice (*Funny Girl*, Menier Chocolate Factory). Das ist keine Kritik an diesen Schauspielerinnen und Schauspielern, sondern eine Frage nach der Authentizität offenkundig jüdischer Darstellungen.

Doch niemand nahm die Sache ernst. Sie wurde – und das ist von Bedeutung – nicht in den sozialen Netzwerken aufgegriffen. Und wenn das nicht passiert, kann man das mit der Em-

---

Indes wird die Figur des Lenny Turtletaub, der jüdisch ist – das sehr jüdische Stereotyp eines Hollywoodproduzenten; lustig, aber stereotyp – von J. K. Simmons gesprochen, der kein Jude ist. Darüber gab es keinen Aufschrei, und Waksberg sah darin keinen Grund, sich dafür öffentlich zu martern.

Wo wir gerade beim Thema sind: Im weiteren Verlauf von *BoJack* fiel mir etwas auf: In der Serie können die Figuren Menschen oder auch Tiere sein. In den sechs Staffeln tauchen die meisten Tierarten irgendwann einmal auf. Aber eine Abwesenheit bemerkte ich, die ich anfangs merkwürdig fand, weil es sich um die menschenähnlichsten Tiere handelt: In *BoJack Horseman* kommen keine Affen vor. Katzen, Stiere, Rehe, Pferde natürlich, Schildkröten wie Lenny Turtletaub, aber keine Primaten. Dann kam ich auf den Grund: Ich glaube, weil im Prinzip jedes Tier einen bestimmten Menschentypus verkörpert (BoJack, ein Pferd, ist der abgewrackte, sex- und drogensüchtige Star einer Neun-

pörung vergessen. Alle bedeutenden progressiven Bewegungen der vergangenen Jahre sind aus der tiefergehenden Demokratisierung durch die sozialen Medien entstanden. #MeToo, #OscarsSoWhite, #StopFundingHate, #BlackLivesMatter, #TakeAKnee hätten – wie die Hashtags an den Namen zeigen – ohne die sozialen Medien nicht passieren können. Wenn Missstände behoben werden, passiert das immer durch das Netz: Kein Prominenter entschuldigt sich, keine politische Führungspersönlichkeit entlässt einen untergebenen Übeltäter, kein Unternehmen gesteht ein Vergehen ein, wenn sie nicht durch die viralen Forderungen auf Twitter dazu gedrängt werden.

Der Versuch, die Aufmerksamkeit auf die Besetzung von Nichtjuden in *Falsettos* zu lenken, ging nicht viral. Ich sah kein #JewFace oder #FalsettoGate unter den Twitter-Trends. Es gab im Netz keine Empörung.

Macht man sie darauf aufmerksam, stehen Progressive dem Problematisieren des Vorgangs nicht unbedingt ablehnend gegenüber; aber aktiv unterstützen sie es auch nicht. Sie beteiligen sich nicht, wie sie es tun würden, wenn es sich um ein Stück handelte, in dem People of Colour, Schwule und Lesben, trans

---

zigerjahre-Sitcom), könnte es im Writer's Room Bedenken angesichts der schrecklichen Möglichkeit gegeben haben, dass die Zuschauer äffische Figuren irrtümlich mit People of colour kurzschließen könnten. So große Bedenken, dass sie beschlossen, ganz auf diese Art von Tieren zu verzichten. Bis zur letzten Folge der gesamten Serie, in der eine Figur mit Namen Danny Bananas auftaucht. Danny wird von Phil Rosenthal, dem jüdischen Produzenten von *Alle lieben Raymond*, gesprochen und ist eindeutig eine jüdische Figur. Es ist gut, dass eine jüdische Figur von einem jüdischen Schauspieler dargestellt wird. Aber dennoch ist Danny Bananas ein Affe. Ein Nasenaffe.

Menschen, Menschen mit Behinderung, Menschen mit Autismus oder andere Minderheiten von den falschen Schauspielern verkörpert würden. Um Privilegien infrage zu stellen, ist man auf die Privilegierten angewiesen: Man ist darauf angewiesen, dass sie sich schämen. Man ist darauf angewiesen, dass die privilegierten, weißen, heterosexuellen, gesunden Cis-Gender-Menschen um der Minderheit willen, die von ihnen auf irgendeine Weise herabgewürdigt wurde, Scham und Wut empfinden. Und die privilegierte, weiße, heterosexuelle, gesunde Cis-Gender-Mehrheit empfindet nie so, wenn es sich bei der verleumdeten Minderheit um Juden handelt; weil sie glaubt, die Juden wären einfach nur ... sie selbst. Sie sehen nicht genügend Unterschiede.

Eigentlich stimmt es nicht ganz, dass es über *Falsettos* im Netz überhaupt keine Empörung gegeben hätte. Auf der Website von *The Stage* herrschte in der Kommentarspalte unter dem Brief ziemliche Erregung – darüber, dass der Brief überhaupt geschrieben worden war. Ein gewisser Jimmy Murphy schrieb: »Der Versuch, ›Jewface‹ mit ›Blackface‹ zu verschmelzen, ist haarsträubend. Diese Bemerkung müssen sie umgehend streichen, wenn sie ernst genommen werden wollen.« Ein anderer Kommentator, Ce Zar, schrieb: »Wenn ich mir ein Theaterstück ansehen würde, in dem beispielsweise deutsche Schauspieler französische Revolutionäre verkörpern, würde mich das nicht stören, solange es gut gemacht ist.« Und ein weiterer namens Paul Clarke: »Es lässt sich wohl kaum behaupten, dass Juden in der Geschichte des Theaters, des Films und der Unterhaltungsbranche im Allgemeinen keine Rolle gespielt oder keine Bühne gehabt hätten – buchstäblich oder hinter den Kulissen –, und über die Jahre hinweg haben unzählige Juden offen oder verdeckt unter nichtjüdischen Namen gespielt.« Über die Überraschung und Verärgerung hinaus, die jeder Vorwurf des Antisemitismus nach sich zieht, haben wir es hier mit einigen grundlegend falschen Auffassungen über Juden zu tun. Im zweiten Kommentar werden Nichtjuden, die Juden spielen, mit Deutschen verglichen, die Franzosen spielen. Was hieße, dass Juden eine Nationalität und keine Ethnie wären. Der letzte Kommentar wartet noch mit einigen weiteren Stereotypen auf – »Das Showgeschäft ist so jüdisch!« – und behauptet, Juden seien weit davon entfernt, verfolgt zu werden, und hätten vielmehr »offen oder verdeckt unter nichtjüdischen Namen gespielt« – wodurch angedeutet wird, die Namensänderungen jüdischer Schauspieler hätten im Zuge einer Geheimoperation mit dem Ziel der verborgenen Kolonisierung der Branche stattgefunden und wären nicht vielmehr aufgrund von Rassismus notwendig gewesen: weil ein weiß-angelsächsisch-protestantisches Publikum einen Star namens Kirk Douglas akzeptierte, nicht aber einen mit Namen Izzy Danielovitch.

Der erste, wütendste Kommentar bringt uns wieder zur Hierarchie des Rassismus zurück. Blackface ist beleidigender als Jewface. Tatsächlich zieht sogar das bloße Konzept von Jewface die Bedeutsamkeit von Blackface in den Schmutz.

Aber ist das wirklich so? Die beiden Arten von Rassismus werden auf verwirrende Weise verschmolzen, wenn *The Stage* das Wort »Jewface« druckt. Rassismus gegen Schwarze ist der Rassismus schlechthin. Der Rassismus, dem Schwarze ausgesetzt sind, bestimmt den antirassistischen Diskurs. Blackface ist daher das ursprüngliche Vergehen, und alle anderen vergleichbaren Vergehen folgen daraus und bedienen sich der gleichen Konstruktion: Yellowface, Brownface, Redface – selbst Drag wurde schon als Womanface bezeichnet. Sie alle erkennt man – wie sich von selbst versteht – am Gesicht. Make-up spielt dabei eine Rolle. Was uns zu einer Eigenschaft der Juden zurückbringt: Man erkennt sie nicht unbedingt sofort als Juden. Wie kann es also Jewface geben?

Betrachten wir noch einmal einige der oben genannten Beispiele für Nichtjuden, die Juden gespielt haben. In *Hunters* trägt Al Pacino keine erkennbare jüdische Maske, wenn er Offerman spielt (nur einen Bart, eine kleine Brille und eine schwarze Rabbinerkluft). Was er stattdessen tut, ist, die Figur *richtig krass jüdisch* zu spielen. Seine Darstellung ist voller Manierismen wie Schulterzucken und Schlemiel-gesichtigen Tics, sein Tonfall von melancholischen Fragezeichen durchzogen.* Das ist Jewface. Wir sollten die an Blackface angelehnte Konstruktion eigentlich nicht verwenden, weil sie auf das Vorhandensein einer Art von Maske oder Make-up hinweist. Aber ein Schauspieler kann eben auch ohne Maske imitieren. Es ist JewVoice, JewExpression, JewStoopedAndShruggingBody – JudenStimme, JudenMiene, JudenGebückteHaltungUndSchulterzucken. Es ist NebbichSein.

---

* An dieser Stelle entsteht ein Problem, weil nämlich – Spoiler-Warnung – in der letzten Folge von *Hunters* enthüllt wird, dass Pacinos Figur gar kein Jude ist. Offerman ist selbst ein ehemaliger Nazi, der sich als Jude ausgibt, um Jagd auf Nazis zu machen und so seine Schuld zu bannen. Als ich die Folge sah, wollte ich diesen Textteil schon streichen. Dann wurde mir klar, dass es tatsächlich eine sehr großzügige – und äußerst metatheoretische – Lesart von Pacinos Darstellung ist, sich vorzustellen, sein Rückgriff auf stereotype jüdische Manierismen als Schauspieler sei ein tief verborgener Hinweis auf den Umstand, dass diese Figur in Wahrheit gar kein Jude ist.

Und an diesem Punkt wird es wirklich problematisch: Wenn man das Jüdischsein karikiert, ohne selbst jüdisch zu sein, ist das dann etwa nicht eine andere Art von Minstrel-Show?

Ähnlich ging es mir, als ich 2019 die neue Produktion des Musicals *Der kleine Horrorladen* im Regent's Park Theatre sah. Die Rolle des jüdischen Ladenbesitzers Mr. Mushnik wurde – sehr gut – von dem schottischen Darsteller Forbes Masson verkörpert, aber auch diese Figur war in stereotyper Weise jüdisch: Ihre Gesten waren eine einzige Aneinanderreihung von Schulterzucken und Oi-Ausrufen im New Yorker Stil. Einen Nichtjuden so auftreten zu lassen, ist – der gleichen Logik folgend, die zur Anwendung käme, wenn es sich um einen Schwarzen, einen Schwulen, eine trans Person, jemanden mit einer Behinderung oder eine sonst irgendeiner Minderheit angehörende Figur handelte, bei deren Darstellung stereotype Aspekte der jeweiligen Minderheit überhöht würden – respektlos den Juden gegenüber.

Daran tragen die Juden übrigens Mitschuld. *Falsettos* wurde von Juden geschrieben, und wie jede Art von Theaterstück oder Comedy von Juden über Juden ist es selbstironisch und nicht – wie es Theaterstücke und Comedy über andere Minderheiten und/oder Frauen oft sind – empowernd. Hier einige Textzeilen:

JASON: Falls es raucht, ruft bitte unsre Mütter an
und sagt ihnen, dass ihre Söhne brennen.
MARVIN UND WHIZZER: Wir sind manipulative Menschen
und müssen sicher sein
Dass man unsere übelsten Seiten nicht übersieht

MENDEL: Die investierte Schuld wird sich mit der Zeit auszahlen
WHIZZER UND JASON: Wir gehn nicht auf Zehenspitzen
WHIZZER: Wir stürmen voran, um zu zeigen
MENDEL: Dass wir gut im Bett sind

Auf diese Weise haben Juden sich immer selbst dargestellt (zumindest bis Sacha Baron Cohen auf den Plan trat, aber für mich ist er darin auch eher Israeli). Der standardmäßige Jude nach dem Vorbild von Woody Allen/George Costanza aus *Seinfeld* ist ein Nebbich: ein intellektueller, unbeholfener Neurotiker.*

Schauspieler, die Juden spielen – jedenfalls solche Juden wie die in *Falsettos* und *Der kleine Horrorladen* –, spielen sie nicht als Individuen. Sie spielen sie als Stereotype. Auf einer gewissen Ebene machen sie sich über Juden lustig.

Die progressive Vorstellung, man solle nur noch Schauspieler aus Minderheiten besetzen, um Angehörige von Minderheiten zu spielen, folgt einem zweifachen Antrieb. Es ist zum Teil eine Frage der Teilhabe, das Zurückdrängen einer früheren Tradition, in der allen alles offenstand, was bedeutete, dass es weniger Arbeit für Minderheiten angehörende Schauspielerinnen und Schauspieler gab. Aber es ist auch, und ich würde

---

* Comedy-Nerds werden vielleicht einwenden, George sei Grieche. Ja, aber nur dem Namen nach. Er ist jene Figur in *Seinfeld*, die am ehesten Larry David, dem jüdischen *Seinfeld*-Schöpfer, entspricht. Aber als die Sitcom entwickelt wurde, hatte die NBC das – antisemitische – Gefühl, mit Jerry Seinfeld im Zentrum wäre *Seinfeld* schon jüdisch genug. Also arrangierten sich David und Seinfeld mit dieser Beschränkung, indem sie George zum Griechen und Elaine zur weißen angelsächsischen Protestantin machten und beide einfach weiterhin als jüdische Figuren schrieben.

sagen, im Kern noch stärker, eine Frage des Respekts. Die Reaktionen auf Halle Berry und Scarlett Johansson scheinen zu zeigen, dass es etwas Respektloses an sich hat, eine Transgenderrolle mit einer cis Schauspielerin zu besetzen. So wie eine bestimmte Art von Rassismus nur von den Opfern dieser Art von Rassismus definiert werden kann, steht die tiefere Wahrheit der Identität nur jenen offen, die diese Identität leben. Schauspieler, die keiner Minderheit angehören, diese Identität mimen zu lassen, erscheint den Progressiven als eine Art von Nachahmung, und Nachahmung trägt immer ein Element des Spotts in sich. Oder sie ist zumindest reduzierend, verringert die Komplexität der entsprechenden Erfahrung, indem sie sie durch einen Schauspieler heraufbeschwören lässt, der sie nicht gelebt hat.

All das trifft auch auf Juden zu, oder zumindest sollte es das. Die jüdische Erfahrung ist eine gelebte und komplexe. Und doch *durften* Nichtjuden Rollen spielen, in denen die komplexesten Teile der jüdischen Erfahrung zum Ausdruck kamen: Ben Kingsley ist kein Jude (oder zumindest distanziert er sich wie Tom Rosenthal aktiv von allen Spuren dieses Erbes), und dennoch spielt er in *Schindlers Liste* Itzhak Stern, den Holocaust-Überlebenden, der Oskar Schindler unterstützt. Es ist eine großartige Schauspielleistung, aber das ist auch seine Oscar-gekrönte Rolle in *Gandhi*, die heute durchaus als problematisch gilt, weil Kingsley seiner halbindischen Herkunft zum Trotz Make-up trug, um dunkler auszusehen. Wenn es für einen keiner Minderheit angehörenden Schauspieler problematisch ist, die Erfahrung einer Minderheit darzustellen, dann ist es auch für alle in dem Brief an *The Stage* aufgezählten Schauspieler problematisch, Juden zu spielen, und für nichtjüdische Musical-Darsteller, in *Falsettos* Lieder wie *Four Jews in a Room, Bitching* zu singen.

Wo wir schon beim Thema Blackface gegen Jewface sind: Ein weiterer #JewsDontCount-Moment ereignete sich während der Arbeit an diesem Buch. Der Filmregisseur Ken Loach wurde zum Juror eines Schulwettbewerbs ernannt, den die Initiative Show Racism the Red Card veranstaltete, eine antirassistische Wohltätigkeitsorganisation ähnlich wie Kick It Out. 2016 sagte Loach, als er im Rahmen eines Kongresses der Labour Party während eines Interviews nach der Anwesenheit eines Sprechers, der den Holocaust geleugnet haben sollte, gefragt wurde: »Nun ja, ich denke, die Geschichte sollte uns allen zur Diskussion offenstehen.« Er hat seitdem heftig abgestritten, ein Holocaust-Leugner zu sein, aber nichtsdestoweniger führte seine Ernennung als Juror zu Protesten aus der jüdischen Community. Eine Zeit lang reagierte Show Racism the Red Card wütend und hielt dagegen, ließ die Fußballlegende Eric Cantona tweeten, was Ken Loach doch für ein großer Antirassist sei, und so weiter. Letzten Endes trat Loach von der Jury des Wettbewerbs zurück, aber wie immer führte die potenzielle Unangemessenheit seiner Ernennung zu keinem Aufschrei von progressiver, sondern nur von jüdischer Seite.

Ich würde das nicht eigens erwähnen – es ist nur ein normales, alltägliches Beispiel für #JewsDontCount –, wäre da nicht der Umstand, dass, während dieser unbedeutende kleine Aufruhr im Gange war, ein Mann mit Namen Dave Rich, der für eine Wohltätigkeitsorganisation namens Community Security Trust tätig ist, die jüdische Schulen, Synagogen und Gemeindezentren gegen rassistische Angriffe schützt, Folgendes auf Twitter schrieb:

@daverich1 *Ken Loach sagte, Antisemitismus sei eine »verständliche« Reaktion auf Israels Vorgehen; ob es den Holocaust gab, solle »uns allen zur Diskussion offenstehen«; Antisemitismus-Vorwürfe gegen die Labour Party seien »übertrieben oder unwahr«, & beklagte »die pauschalisierten Schuldgefühle, die alle in Bezug auf die Juden haben«*

Gefolgt von einem zweiten Tweet, in dem nur stand: »Ich könnte mir bessere Juroren für einen Anti-Rassismus-Wettbewerb vorstellen.« Ich teilte den Tweet. Und daraufhin tweetete Ken Loachs Sohn Jim das hier:

@JimLoach *Wie ich sehe, teilt* **@Baddiel** *ungerührt Tweets von Internet-Trollen wie* **@daverich1**, *die meinen Vater* **@KenLoachSixteen** *verunglimpfen. Man sollte meinen, bei seinem Hintergrund wäre er etwas vorsichtiger mit Anschuldigungen gegen andere.*

Das bin ich, kostümiert und geschminkt als der Nottingham-Forest-Spieler Jason Lee in einem Sketch aus der Sendung *Fantasy Football League* Mitte der 1990er-Jahre.

Nun gut. Wie ich schon an anderer Stelle sagte, waren Make-up und Kostüm in diesem Sketch äußerst unbedacht und falsch. Der Sketch hatte zum Thema, dass Jason Lee keine Tore schoss, und machte sich über ihn als Fußballer lustig. Aber auch wenn mein Co-Moderator Frank Skinner und ich kein Problem darin sahen, Lee darzustellen, indem wir sein Aussehen auf komische Weise übertrieben wie das von vielen anderen Fußballern, die in der Sendung verulkt wurden, steht eine solche Kostümierung in einer äußerst unguten rassistischen Tradition. Wir hätten es nicht tun sollen, und ich habe mich seitdem mehrfach öffentlich dafür entschuldigt.

Woran die Entschuldigungen nichts ändern, ist, dass dieses Foto immer wieder in meiner Twitter-Timeline auftaucht. Vor allem seit ich begonnen habe, öffentlich über Antisemitismus zu sprechen, ob es nun um Antisemitismus im Allgemeinen oder auf Seiten der Linken geht. Tatsächlich hat es mitunter den Anschein, als wollten diejenigen, die Entschuldigungen von mir fordern, gar keine Entschuldigungen. Was sie anscheinend wirklich wollen, ist Schweigen. Sie wollen, dass ich den Mund halte, vor allem was Antisemitismus angeht. In ihren Augen ist das Foto von mir als Jason Lee eine Trumpfkarte, die bedeutet, dass ich nicht über Rassismus sprechen darf, nicht einmal über die Art von Rassismus, die mich persönlich bedroht.

Es sagt vielleicht einiges über die Hierarchie des Rassismus aus, dass ich, ein Jude, kein Recht habe, über meine Erfahrungen mit antijüdischem Rassismus zu sprechen, weil ich einmal als Jason Lee kostümiert war. Ich habe mir die wichtigere Art von Rassismus zuschulden kommen lassen, und darum habe ich kein Recht, über meine eigene – ohnehin weniger wichtigere – Erfahrung zu sprechen.

Einige von Ihnen werden sicher wissen, dass es eine Taktik namens Whataboutism gibt. Whataboutism ist ein Vorwurf gegen jemanden, der von seinem eigenen Fehlverhalten abzulenken versucht, indem er auf andere Verfehlungen hinweist. Beispielsweise sagen Menschen, denen mehr an der Verteidigung Israels gelegen ist als mir, oft zu jenen, die es attackieren: Warum redet ihr nicht über die Menschenrechte in Saudi-Arabien oder die Verfolgung der Uiguren in China? Und dann wirft man ihnen Whataboutism vor. Der Vorwurf bedeutet: Du benutzt diesen Vergleich, um die Diskussion vom gegenwärtigen Schauplatz fortzubewegen, weil du dich bedrängt fühlst. Nun ist es so, dass ich im Rahmen dieses Buchs unmöglich über antijüdischen Rassismus sprechen kann, ohne ihn mit anderen Formen von Rassismus zu vergleichen; ich kann unmöglich über die Art und Weise sprechen, in der Progressive mit Juden verfahren, ohne sie damit zu vergleichen, wie mit anderen Minderheiten verfahren wird. Ich begrüße den Whataboutism also mit offenen Armen. Vergleiche sind unvermeidlich, weil dieses Buch davon handelt, warum die Dinge bei den Juden anders liegen. Um näher zu bestimmen, inwiefern Rassismus gegen Juden für weniger wichtig erachtet wird als andere Arten von Rassismus – und im vollen Bewusstsein, dass mich der Whataboutism-Vorwurf erwartet –, möchte ich also gern über *Bo' Selecta!* reden.

Bo' Selecta! war Leigh Francis' sehr lustige Sketch-Show auf Channel 4, ausgestrahlt Anfang der 2000er-Jahre, in der Francis mithilfe grotesk überzeichneter Masken in die Haut von Prominenten schlüpfte. In einem wiederkehrenden Sketch stellte er mich als Rabbi dar. Na ja, nicht einfach nur als Rabbi, sondern als chassidischen Rabbi mit einer riesigen Nase, Locken und einem großen schwarzen Hut, der pausenlos das Wort Jude sagt. In Anbetracht meines weiter oben erwähnten offensiven Umgangs mit meiner jüdischen Herkunft finde ich nicht, dass das unlustig oder nicht auf eine komisch-überzeichnete Weise zutreffend wäre. Aber in Anbetracht der Tatsache, dass Francis kein Jude ist, finde ich es rassistisch – zumindest *genauso* rassistisch wie mich selbst als Jason Lee. Ich will damit nicht rechtfertigen, dass ich mich als Jason Lee verkleidet habe (es war rassistisch). Ich will, wie überall in diesem Buch, auf die unterschiedlichen Reaktionen hinweisen. Ich kann garantieren, dass alles, was ich auf Twitter schreibe, vor allem, wenn es mit Antisemitismus zu tun hat, irgendjemanden dazu bringen wird, dieses Foto von mir als Jason Lee zu posten, verbunden mit der Forderung, ich solle den Mund halten und mich schämen. Noch nie habe ich – und ich rechne auch in Zukunft nicht damit – im Internet oder sonst irgendwo gesehen, dass Leigh Francis in irgendeiner Weise dafür verurteilt wurde, sich als geifernder, schreiender Rabbi Baddiel verkleidet zu haben.*

---

* Tatsächlich hat Francis sich in der Hochphase der Black-Lives-Matter-Proteste – und während es in England viele Diskussionen um die Verwendung von Blackface in britischer TV-Comedy im Allgemeinen gab – entschuldigt: für seine Imitationen von Craig David, Mel B von den Spice Girls und anderen People of Colour. Aber nicht für seine Imitation von mir.

Eine Formulierung, die ich im letzten Abschnitt verwendet habe, ist beunruhigend: »Hierarchie des Rassismus«. In letzter Zeit ist mir aufgefallen, dass es, wenn ich in Online-Diskussionen andeute, einige Mikroaggressionen gegenüber Juden würden zu einem deutlich größeren Aufschrei führen, wenn sie gegen eine andere Minderheit verübt würden, manchmal heißt, dieser Vergleich sei unfair: Ich weiß noch, wie mir einmal jemand sagte, ich würde damit die anderen Minderheiten den Haien zum Fraß vorwerfen. Das ist natürlich nicht meine Absicht (wobei die Absicht, wie wir alle wissen, keine große Rolle mehr spielt). Ich will nicht, dass die Rassismus-Erfahrung anderer abgewertet, sondern dass das Bewusstsein dafür, dass Juden etwas Ähnliches widerfährt, erhöht wird.

Was ich aber eigentlich aus dieser Reaktion – »Du wirfst uns den Haien zum Fraß vor« – heraushöre, ist, dass ich durch den Vergleich der Rassismus-Erfahrung einer anderen Minderheit mit derjenigen der Juden Erstere herabmindere. Denn die Rassismus-Erfahrung eines Juden kann nicht so schlimm sein. Wenn man mir als Jude sagt, wie viel schlimmer Rassismus für People of Colour ist, verwende ich manchmal die Formulierung: »Es ist kein Wettstreit.« Aber ich tue es im Wissen, dass es das für viele eben doch ist: dass es eine Hierarchie des Rassismus *gibt* und dass manche Arten von Rassismus wichtiger *sind* als andere. Tatsächlich glauben manche, Juden hätten in diesem Wettstreit die *bessere* Ausgangslage. Beispielsweise glauben viele, das, was sie für die in Europa und Amerika empfundene Vorrangstellung des Holocaust vor anderen Gräueltaten – der Sklaverei oder der Hungersnot in Bengalen – halten, bilde die Haltung ab, ein Genozid an weißen Menschen (und in diesem Beispiel für Schrödingers Weiße sind Juden natürlich weiß) sei in irgendeiner Weise bedeutsamer.

Ich stelle auch fest, dass mir die Formulierung »Es ist kein Wettstreit« zurückgespielt wird, wenn ich, wie ich es in den sozialen Medien einige Male getan habe, #JewsDontCount schreibe. Aber dabei wird missverstanden, was mit #JewsDontCount zum Ausdruck gebracht werden soll. Mein Standpunkt ist, dass Rassismus kein Wettstreit sein sollte: dass alle Arten von Rassismus als gleich schlecht betrachtet werden sollten. »Sollten« ist hier das entscheidende Wort. Es *gibt* eine Ungerechtigkeit, auch wenn diese Ungerechtigkeit von unterschiedlichen Seiten vielleicht unterschiedlich wahrgenommen wird. Beispielsweise haben Muslime das starke Gefühl, die Islamophobie erhalte nicht die Aufmerksamkeit, die dem Antisemitismus in den Nachrichtenmedien im Allgemeinen zuteilwird. Aber diese Polemik handelt speziell von den Progressiven und nicht von den Mainstream-Medien. Und sie ist aus der Perspektive meiner – um eine bei Progressiven sehr beliebte Wendung zu gebrauchen – gelebten Erfahrung geschrieben: der gelebten Erfahrung eines Juden, der wie die meisten Juden das Gefühl hat, die Reaktion der Progressiven auf Antisemitismus sei, dass er keine große Rolle spielt.

Tatsächlich spüre ich auf Seiten der Progressiven in letzter Zeit nicht nur, dass Antisemitismus keine große Rolle spielt, sondern dass die Auseinandersetzung damit negativ besetzt ist; dass es sozusagen zu *deren* Rassismus – dem der anderen Seite – geworden ist, dem Rassismus, der *denen* am Herzen liegt. Im Oktober 2020 ergab ein Antrag auf Einsicht in staatliche Dokumente der Union of Jewish Students, dass nur 29 von 133 Universitäten die Antisemitismus-Definition der International Holocaust Remembrance Alliance übernommen haben und dass 80 angaben, sie hätten nicht vor, es zu tun. Der *Times* zufolge äußerten einige der Institutionen, es sei »nicht notwendig« (eine Formulierung, die in ihrer Geringschätzung vielleicht als objektive Entsprechung des Satzes *Jews don't count* dient). Unterdessen legte der progressivere *Guardian* den Fokus weniger – eigentlich gar nicht – auf den Bestandteil, dass Juden nicht zählen, als vielmehr darauf, dass die konservative Regierung sich einmischte. Der Bildungsminister, Gavin Williamson, schrieb einen Brief an Rektoren, in dem er seiner Besorgnis über das Desinteresse der Universitäten an der Anwendung der IHRA-Definition Ausdruck verlieh, zumal angesichts des Anstiegs antisemitischer Vorfälle an Hochschulen. Der Artikel im *Guardian* schloss mit diesen beiden Absätzen:

Williamsons Einschreiten erfolgt zu einer schwierigen Zeit für viele Universitäten, die damit zurande zu kommen versuchen, dass Hunderte von Studierenden und Mitarbeitern mit Covid-19 infiziert sind, und sich zugleich auf den britischen EU-Austritt und dessen Auswirkungen auf Personalbeschaffung und finanzielle Förderung vorbereiten.
»Wenn künftige Historiker auf die Covid-19-Zeit zu-

rückschauen werden, wird große Verwunderung darüber herrschen, wo nach Ansicht des Bildungsministeriums die Prioritäten lagen«, sagte eine Universitätsmitarbeiterin.

Man beachte den Hinweis auf die Geschichte und die Gewissheit darüber, wer und was auf der richtigen Seite derselben steht. Man beachte außerdem das Element der Irritation darüber, dass Institutionen sich mit dieser nichtigen Frage befassen, wo es doch so viele drängendere Themen gibt, über die man sich Gedanken machen müsste. Vor allem aber beachte man »Williamsons Einschreiten«: Die Besorgnis über Antisemitismus kommt von rechter Seite.

All das spiegelt sich in den sozialen Medien wider. Ich sehe mittlerweile viele Beiträge, die beispielsweise andeuten, wenn die Conservative Party wegen Delikten gegen Juden Alarm schlage, Islamophobie in den eigenen Reihen aber ignoriere, kennzeichne das den Antisemitismus als das liebste rassistische Thema der Rechten. In ähnlicher Weise werden rechtslastige Provokateure wie der nordirische Expolitiker David Vance nicht einfach verurteilt, wenn sie rassistische Tweets absetzen: Heutzutage gibt es immer einen Aufschrei darüber, dass Twitter eindeutig befangen sei, weil dieser Nutzer nicht von der Plattform gesperrt werde, aber augenblicklich Maßnahmen ergriffen würden, wenn irgendjemand des Antisemitismus beschuldigt werde, wie zum Beispiel der britische Rapper Wiley. Hier wird angedeutet, als Wiley 2020 eine Reihe antisemitischer Tweets absetzte, sei ein Exempel an ihm statuiert worden, weil er schwarz ist, aber auch weil Juden von den Machthabern als Spezialfall behandelt werden. Nur dass das nicht ganz stimmt. Twitter hat erst vor recht kurzer Zeit begonnen, derartige Maßnahmen zu ergreifen, um stärker gegen Hassrede vorzugehen. Obwohl Vance während seiner Zeit auf der Plattform tatsächlich mehrere Minderheiten beleidigt hat, wurde er in Wahrheit – nach Empörung über einen Tweet, den er im September 2020 an den schwarzen Fußballer Marcus Rashford schickte – genauso schnell entfernt wie alle anderen auch. Trotzdem hält sich die Vorstellung, Wiley sei schneller ausgeschlossen worden, weil Juden auf irgendeine Weise durch Macht, Privilegien und die Orte, an denen das Geld sitzt – in diesem Fall ein Social-Media-Gigant – geschützt werden.

Ein sehr eindeutiges Beispiel für die zutiefst problematischen und widersprüchlichen Ströme, die die Vorstellung einer Hierarchie des Rassismus durchziehen, ergab sich, als die *Guardian*-Kolumnistin Hadley Freeman für ihre Zeitung einen Artikel mit der Überschrift »Nach Wiley war ich ausnahmsweise in keinen Kampf verstrickt. Warum fühlte sich das so komisch an?« verfasste. Die Grundannahme des Artikels lautete, wenn man öffentlich zum Thema Antisemitismus die Stimme erhebe, führe das unter gewöhnlichen Umständen zu verschiedenen Arten der Verurteilung durch Progressive – Verweisen auf die israelische Unterdrückung, der hartnäckigen Behauptung, andere Minderheiten hätten es schwerer, und so weiter, aber Freeman sei das nicht widerfahren, als sie sich online zu Wiley äußerte. Unterschwellig geht sie in ihrem Artikel davon aus, Antisemitismus nehme in der Hierarchie des Rassismus einen niedrigen Platz ein, weshalb sie mit diesen Erwiderungen gerechnet hatte. Man könnte es als einen Fortschritt betrachten, dass sie bei ihrem Artikel nicht kamen: nur dass sie das eben doch taten. Nicht von den Leserinnen und Lesern, aber, wie sich zeigte, von anderen Journalistinnen und

Journalisten des *Guardian*, von denen einige tweeteten, die Zeitung solle keinen Artikel veröffentlichen, der das Vorhandensein einer Hierarchie des Rassismus unterstelle – und dass man mit der Andeutung, antijüdischer Rassismus werde nicht ernst genug genommen, womöglich auch andeute, andere Arten von Rassismus würden *zu* ernst genomen. Ich bin schon auf diese Beschwerde eingegangen, auf das Dilemma, dass Juden, indem sie nach Gleichstellung mit anderen Arten von Rassismus verlangen, in den Augen vieler die Auswirkungen dieser anderen Arten von Rassismus schmälern und darum eigentlich besser die Klappe halten sollten. Aber interessanterweise brachte der *Guardian* einige Tage nach der Veröffentlichung von Hadley Freemans Text einen weiteren Artikel mit dem Titel »Starmers Hoffnungen auf Einheit der Labour Party von Angst vor ›Hierarchie des Rassismus‹ bedroht«, der sich um die Besorgnis progressiver Labour-Mitglieder drehte, durch aktuelle Entscheidungen des neuen Parteiführers entstehe der Eindruck, »Antisemitismus würde als die schwerwiegendste Art von Vorurteilen betrachtet, wohingegen Islamophobie und Rassismus gegen Schwarze als weniger wichtig gälten«. Aha. Eine Hierarchie des Rassismus ist für Progressive durchaus ein Thema: solange sie in diese Richtung verläuft.

Lange Zeit haben sich nur Juden wirklich für Juden interessiert, haben sich nur Juden wirklich für Antisemitismus interessiert. Nun, da Antisemitismus mitunter als eine Frage von Links und Rechts erscheint, nehme ich das Entstehen einer besonders modernen Form von Antisemitismus wahr, nämlich das Kurzschließen von *Anti*-Antisemitismus mit den Werten des Establishments. Sagt man »Das ist antisemitisch«, steht man für manche bereits auf Seiten der Unterdrücker. Wer so denkt, vergisst jedoch, dass man durch die Annahme, Juden würden die Hand des Unterdrückers lenken, auf Seiten der Neonazis steht.

Nun gibt es aber in meinen Augen gewisse Zeiten – beispielsweise während der Black-Lives-Matter-Proteste von 2020 –, in denen dem Kampf gegen Rassismus und Diskriminierung einer bestimmten Minderheit Vorzug gegeben werden muss. Doch trotz der entscheidenden, umwälzenden antirassistischen Veränderungen, denen diese Proteste Vorschub leisteten, stellten sich an ihren Rändern für Juden problematische Fragen. Im Juni 2020, nachdem zahlreiche mit Sklaverei in Verbindung gebrachte Statuen gestürzt worden waren, tweetete der amerikanische Aktivist Shaun King: »Ja, ich finde, die Statuen des weißen Europäers, als den sie Jesus ausgeben, sollten auch fallen. Sie sind eine Form von weißer Herrschaft. Und waren es schon immer. Als sich die Familie von Jesus versteckt, in der Masse verschwinden will, wohin geht sie da in der Bibel? Nach ÄGYPTEN! Nicht nach Dänemark. Reißt sie nieder.«

Im Juli 2020 sagte dann der Erzbischof von York, seine Exzellenz Stephen Cottrell, auf die von Black Lives Matter aufgeworfenen allgemeinen Fragen zu Race und Herkunft hin in der *Sunday Times*: »Jesus war ein Schwarzer.« Das zog einige Diskussionen nach sich, unter anderem einen Artikel auf Forbes.com mit dem Titel »War Jesus schwarz oder weiß?«, der stark zu der Anschauung neigte, Jesus habe braune Haut gehabt, was sicherlich der Fall war.

Doch in dem Artikel wurde ebenso wie in Shaun Kings Tweet oder dem Interview mit Reverend Cottrell die eine mehr oder weniger grundsätzlich angenommene ethnische Zugehörigkeit des historischen Jesus nicht erwähnt. Sein Jüdischsein war nicht Teil der Diskussion, es schien bei der Beantwortung dieser Frage nebensächlich zu sein. Es schien ausgelöscht zu sein.

Der Vorstoß, Jesus als nichtweiß zu reklassifizieren, ist gut und historisch korrekt. Die gleichzeitige Auslöschung seines Jüdischseins ist keines von beidem. Tatsächlich steht sie im Einklang mit jahrhundertelangen Bestrebungen der Kirche, dasselbe zu tun. Man könnte einwenden, die Neuinterpretation von Jesus als braunhäutigem Mann aus dem Nahen Osten schließe sein Jüdischsein nicht aus. Theoretisch tut es das natürlich nicht. Aber in Wahrheit wird es durch Sein* Reclaiming als Nichtweißer eben doch übergangen, weil es keine politischen Auswirkungen, keine revolutionären Aspekte hat, Jesu Jüdischsein zu betonen. Offensichtlich wird das in Kings Bedürfnis, eine Geschichte aus Jesu Leben herauszugreifen, die sich nur im Matthäusevangelium findet, die Flucht nach Ägypten. Um klarzumachen, dass Jesus nicht aus Dänemark stammte, hätte er auch sagen können, er habe in Judäa gelebt und gepredigt und sei dort gekreuzigt worden: im Land der Juden im Nahen Osten. Aber das will er nicht, weil er Jesus dadurch seiner Ansicht nach nicht von dessen Weißsein abrücken würde. Jesu Jüdischsein zu betonen, hat für Shaun King keine Auswirkungen auf sein Schwarzsein. Tatsächlich wird durch die offensive Forderung nach der Anerkennung eines neuen dunkelhäutigen Jesus die Identität »Jude« wie so oft mit dem Weiß-

---

* Wie wir alle wissen, bin ich Atheist, aber ich entscheide mich hier für die Großschreibung, weil ich denke, dass so deutlicher wird, von wem ich spreche.

sein vermischt. Juden werden mit einer pauschalisierten privilegierten Kategorie in Verbindung gebracht, der ein neuer radikaler Jesus entrissen werden muss.

In ähnlicher, wenn auch weniger offensiver Weise teilte ein Dichter mit Namen Omar Sakr auf Twitter dieses von dem Fotografen Bas Uterwijk geschaffene Bild:

@OmarjSakr *Ein holländischer Fotograf hat mithilfe von KI ein realistisches Foto von Jesus erstellt, und verdammt, was soll ich sagen, er sieht aus wie einer von uns.*

Dafür gab es sehr viele Likes und Retweets, was in der Welt von Twitter mit großer Zustimmung gleichzusetzen ist. Den Leuten gefällt die Idee. Sie gefällt ihnen, weil sie ein Reclaiming von Jesus darstellt. Die Aussage ist: Die Weißen haben Jesus gestohlen, und jetzt stellen wir die Sache richtig und holen ihn wieder heim.

Ich halte das für etwas Positives. Aber Sakr ist ein Muslim, der sagt, in dieser Darstellung sehe Jesus aus wie »einer von uns«. Er nimmt Jesus nicht als einen braunhäutigen Menschen in Anspruch: Er beansprucht ihn als Muslim, als Araber. Wodurch, wie auch immer man es betrachten will – und so korrekt es auch sein mag, daran zu erinnern, dass Jesus historisch aus dem Nahen Osten stammte –, sein Jüdischsein mit Füßen getreten wird. Ich muss sagen, wenn ich das Bild betrachte, finde ich verdammt noch mal auch, dass er wie einer von uns aussieht. Aber ich weiß, auf Twitter würde ich getrollt werden, wenn ich das schriebe.

Im Juli 2020 twitterte ein amerikanischer Schauspieler und Prominenter namens Kevin L. Walker Folgendes:

> **@KevinLWalker** *Fakt: Jüdische Menschen immigrierten nach »Hollywood«, gründeten und erschufen es, melkten aus den Schwarzen #Kultur & Musik heraus und biederten sich Ku-Klux-Klan und Rassismus in Amerika an.*
> *Sie schufen bewusst ein Gesellschaftssystem, in dem die Schwarzen ganz unten stehen. Daher die Rolle, in der wir meist besetzt werden.*

So ging das noch eine Zeit lang weiter. Es ist ein klassisches Beispiel dafür, dass Rassismus gegen Juden als »nach oben austeilen« dargestellt wird, dass man so tut, als würde man »denen da oben die Meinung geigen«. Ich sollte wohl darauf hinweisen, dass das kein Beispiel für #JewsDontCount ist. Das ist unverhohlener, aktiver Antisemitismus. Die #JewsDontCount-Seite der Angelegenheit ist, dass sehr wenige Progressive Walker dafür zur Rede stellten. Und Twitter, eine Plattform, von der man ausgeschlossen werden kann, weil man eine trans Person versehentlich misgendert hat, sprach kein Verbot oder auch nur einen Verweis aus.

Leider gab es schon immer eine wenig diskutierte – weil sie insbesondere für Progressive ein unangenehmes Thema ist – Geschichte des Antisemitismus innerhalb des schwarzen Aktivismus. Neben den vielen großartigen Dingen, die Malcolm X sagte, sagte er auch:

> Aber vergessen wir den Juden nicht. Jeder, der den Juden auch nur kritisiert, wird sofort als Antisemit abgestempelt. Der Jude schreit lauter als sonst irgendwer, wenn ihn irgendwer kritisiert. Über jede andere Minderheit in Amerika kann man die Wahrheit sagen, aber machst du irgendeine wahre Bemerkung über den Juden, und sie schmeichelt ihm nicht, dann nutzt er seine Kontrolle über die Nachrichtenmedien, um dich als Antisemiten abzustempeln.

Was ein ziemlich klassisches Beispiel für die Hoch-Niedrig-Dualität ist: Der Jude ist zugleich mächtig und ein Kind, das lauter schreit als jeder andere, wenn es kritisiert wird. Aber das Hoch ist wichtiger, weil es den Sprecher im Gewand der Revolution statt des Rassismus daherkommen lässt. Als der Rapper Wiley im Sommer 2020 seine ganze Reihe antijüdischer Aussagen tätigte, griff er in seinen eigenen Augen keine Minderheit an, sondern ließ in der Tradition von Malcolm X einen rebellischen Aufschrei los, einen Aufschrei gegen die Macht. Als Reaktion darauf sagte ich in einem Interview mit Times Radio, es habe »noch nie jemand mit einer so riesigen medialen Reichweite Juden so unverhohlen angegriffen«, und Wiley sagte: »Ja, weil alle Angst hatten.«* Es ist also nicht nur ein Aufschrei, es ist ein *mutiger* Aufschrei – Wiley ist kein Rassist, er ist ein Held, der endlich aufsteht und sagt, was gesagt werden muss, auch wenn er damit den Zorn des allmächtigen Jewstablishments auf sich zieht.

Das vielleicht extremste Beispiel dafür ist Louis Farrakhan, der Anführer der Nation of Islam, der weiterhin von Teilen der schwarzen aktivistischen Community unterstützt wird, obwohl er sagt, das Judentum sei eine »Gossenreligion« und »Hitler war ein sehr großer Mann«. Aber ich muss klarstellen, dass Farrakhan dafür durchaus Schwierigkeiten bekommt. Er wird von den Progressiven angeprangert, und seine Spielart des Extremismus wird von ihnen im Allgemeinen nicht unterstützt.**

---

* Wiley sagte auch: »Los, David Baddiel, komm und sag's mir ins Gesicht.« Und über die BBC-Moderatorin: »Emma Barnett, holen Sie mich in Ihre Sendung.« Und dann noch etwas über den Unternehmer Alan Sugar, was ich im Netz nicht mehr finden kann. Wiley begann, mich an – das ist eher ein Witz für die Fußballfans – den norwegischen Kommentator zu erinnern, der nach der Niederlage von England gegen Norwegen anfing, alle berühmten Engländer aufzuzählen, die ihm einfielen, um seinem Triumphgefühl Luft zu machen. »Winston Churchill ... Lady Diana ... Lord Beaverbrook, eure Jungs sind hier ganz schön fertiggemacht worden.« Ich hörte förmlich, wie Wiley im Kopf aufzählte: »David Baddiel ... Emma Barnett ... Alan Sugar ...«, aber dann fielen ihm keine weiteren Juden mehr ein, obwohl wir die gesamten Medien unterwandert und in unseren Besitz gebracht haben.

** Allerdings erschien kurz vor Drucklegung dieses Buchs ein Meinungskommentar in der *New York Times* mit der Überschrift »Die Frau hinter dem Million Man March«, in dem manche Juden den Versuch einer

Doch niemand sagt zu Farrakhan, wie es mir beispielsweise gesagt wird, weil ich mich einmal in einem Sketch mit Blackface gezeigt habe, er dürfe sich jetzt nicht mehr zu der Art von Rassismus äußern, die seine eigene Community betrifft. Mit anderen Worten: Progressive kritisieren Farrakhan, Wiley und andere schwarze Aktivisten zwar durchaus wegen Antisemitismus. Aber sie sagen Farrakhan und Wiley nicht, aufgrund ihres antijüdischen Rassismus könnten sie nicht mehr über antischwarzen Rassismus sprechen. Nur Verstöße gegen die eine Art von Antirassismus können zur Forderung nach dem Entzug der Erlaubnis führen, überhaupt über Rassismus zu sprechen.

In ähnlicher Weise registrierte ich in den Nachwehen von Wileys Tirade innerhalb Großbritanniens, dass einige Leute sagten, es sei ihnen nicht recht, dass Juden sich im Radio zu Wort meldeten und Wiley kritisierten, wenn diese Juden selbst nicht genug unternommen hätten, um die schwarze Community in ihrem Kampf gegen Rassismus zu unterstützen. Das fand ich eigenartig, aber aufschlussreich. Wenngleich es zweifellos eine gute Sache ist, der schwarzen Community im Kampf gegen Rassismus beizustehen – und viele prominente Juden

---

Rehabilitation von Farrakhan sahen. Als die Autorin, die Akademikerin Natalie Hopkinson, auf das Problem der potenziellen Beleidigung der Juden hingewiesen wurde, tweetete sie: »Aus irgendeinem Grund glaubt ihr, unter einer Million verschiedener Anliegen müsse eures ganz oben stehen. Das nennt man Privileg«, und in einem zweiten Tweet: »Wer weiß geworden ist, sollte den Schwarzen nichts über Unterdrückung erzählen.« Was vielleicht das beste Beispiel für Schrödingers Weiße ist, das ich kenne, und das aus Sicht einer progressiven Beobachterin: einer progressiven Beobachterin, die kein Problem darin erkennt, Juden nicht nur zu sagen, wer sie sind, sondern, wozu sie mutiert sind.

haben es getan; tatsächlich gibt es in der Geschichte der Zivilrechte, insbesondere in den USA, zahlreiche Beispiele für Hilfsbereitschaft und entschiedene Unterstützung durch Juden und jüdische Gruppen –, begreife ich nicht, warum es *unerlässlich* ist, um über Rassismus gegenüber der eigenen Minderheit sprechen zu können. Oder zumindest besteht diese Unerlässlichkeit nur in einer Richtung. Wie so oft, wenn man diese Umkehrung in Bezug auf Juden anwendet, beginnt sie, komisch zu klingen, aber ich will es trotzdem einmal tun. Ich kann mir nicht vorstellen, dass jemand über eine prominente schwarze Person, die im Radio über Black Lives Matter sprechen möchte, sagen würde: »Moment mal – was hat er oder sie denn in letzter Zeit unternommen, um den Juden im Kampf gegen Antisemitismus beizustehen?«

Im Zentrum des Ganzen steht das bereits erwähnte oszillierende Weißsein der Juden. Es ist eine beinharte progressive Gewissheit, dass umgekehrter Rassismus nicht existiert: dass es aufgrund der Machtstrukturen, auf denen die westliche Kultur gründet, nicht möglich ist, dass eine schwarze Person einer weißen Person gegenüber rassistisch ist, und wenn jemand umgekehrten Rassismus einklagt, zeigt das vor allem, dass derjenige selbst ein Rassist ist oder zumindest weiße Fragilität und weißes Privileg zugleich offenbart. Das ist als Konzept nicht ohne Wert, wirft im Hinblick auf Juden aber Probleme auf. Nimmt man an, Juden seien weiß, dann ist das, was Wiley, Malcolm X oder sogar Louis Farrakhan sagen, nicht rassistisch. Tatsächlich rührte Wileys Verwirrung darüber, für seinen Antisemitismus zur Rechenschaft gezogen zu werden, in meinen Augen zum Teil daher. Es kam mir vor, als dächte Wiley in gewisser Weise: Wo ist denn das Problem? Ich putze doch nur ein paar Weiße runter. Und das ist schließlich erlaubt.

Um daran zu erinnern, dass Juden *durchaus* eine Minderheit und *durchaus* Rassismus ausgesetzt sind, muss man – muss *ich* – daher von der Wendung »Stellen wir uns einmal vor, wie es wäre, wenn das einer anderen Minderheit passieren würde« Gebrauch machen. Ein Beispiel, wo wir gerade von Black Lives Matter sprechen: Kurz bevor sie Ende 2018 die Labour Party verließ, trug die Parlamentsangehörige Luciana Berger eine Reihe von Beispielen dafür zusammen, wie sie im Netz antisemitischem Hass ausgesetzt gewesen war (»Bist du immer noch hinter der Eine-Million-Pfund-Prämie her, die Israel ausgesetzt hat, Luciana? Kannst du dir sparen, die zahlen eh nicht« oder »Israel-Hausiererin« oder »Wie viele Schekel?«). Ich reagierte mit dem Aufruf an die Progressiven, die rassistischen Schmähungen gegen Luciana Berger als ebenso schwerwiegend einzustufen wie die rassistischen Schmähungen gegen eine Person – eine Politikerin – of Colour: die damalige Schatten-Innenministerin Diane Abbott. Ich wurde augenblicklich von mehreren Progressiven belehrt, die Schmähungen seien nicht gleichwertig und natürlich auch nicht antisemitisch:

> ▬▬▬▬ Antwort an **@Baddiel** *Falsch wie immer. Das hat mit ihrer Herkunft nichts zu tun. Berger wird zur Rede gestellt, weil sie den zwielichtigen Labour Friends of Israel angehört. Das Gleiche passiert den vielen nichtjüdischen LFI-Mitgliedern – Ryan, Streeting, Gapes, Woodcock (als er noch Labour war) etc.*

Damit hatte ich gerechnet. Aber dann schrieb Diane Abbott selbst etwas:

> @Baddiel *An alle, die zu Recht sagen, die rassistische Schmähung von* @HackneyAbbott *im Netz sei inakzeptabel: Das hier ist das Gleiche. twitter.com/lucianaberger/…*
>
> Retweetet mit Kommentar durch @HackneyAbbott *Die gezielte Schmähung von Frauen im öffentlichen Leben ist schlicht inakzeptabel.*

Womit ich natürlich einverstanden bin. Aber mir fiel an ihrer Antwort noch etwas auf. Abbott hatte den Antisemitismus – ja, die ganze Rassismusfrage – ausgeklammert. Mir ging es darum, dass die Hunderte von Beispielen für antisemitische Schmähungen, die Luciana Berger in ihrem Tweet gezeigt hatte, bei Progressiven die gleiche Reaktion hervorrufen sollten, wie es eine vergleichbare Ansammlung von Schmähungen gegen Schwarze täte. Aber Abbott weitete in ihrem Post das Thema rassistischer Schmähungen zu den Schmähungen aus, denen Frauen im öffentlichen Leben ganz allgemein ausgesetzt sind.

Das ist genau die Taktik, der sich die Rechten bedienen, wenn sie der #BlackLivesMatter-Bewegung mit #AllLivesMatter entgegenzutreten versuchen. Die Haltung dahinter mag ehrenwert und aufrichtig erscheinen, aber in Wahrheit ist es ein Versuch, den Fokus der Debatte auszuweiten, um die spezifischen Anliegen der Schwarzen bewusst zu vernachlässigen. Wie in jüngster Zeit noch offensichtlicher wurde, birgt das Schwarzsein spezielle und brutale Gefahren, denen nicht alle

Menschen ausgesetzt sind, und die Äußerung #AllLivesMatter ist schlicht eine bewusst perfide Art und Weise, das zu überdecken. Ähnlich verhielt es sich mit Luciana Bergers Beitrag, der Beispiele für antijüdischen Rassismus enthielt, den eben *nicht* alle Frauen erleben. Indem sie das Thema auf *alle* Frauen ausweitete, umging Diane Abbott auf elegante Weise den Antisemitismus.

Ein Verfahren, das ich stets beobachte, wenn die Linke gezwungen ist, sich mit Antisemitismus auseinanderzusetzen. So zum Beispiel, wenn Jeremy Corbyn selbst und seine Unterstützer sich gegen den Vorwurf verteidigen, auf diesem Auge blind zu sein. Was sie meist sagen, ist: *Wir setzen uns gegen Antisemitismus und alle anderen Arten von Rassismus ein.* Dieses Mantra war zwischen 2015 und 2019 immer wieder zu hören und ist es auch noch in den zum Zeitpunkt der Niederschrift weiter andauernden Auseinandersetzungen um Corbyn. Es klingt gut. Aber in meinen Ohren ist der reflexhafte Zwang, auf den Begriff Antisemitismus immer ein »und alle anderen Arten von Rassismus« folgen zu lassen, das All Lives Matter der Linken.

Und was ist mit Israel? Ist Israel *wirklich* ein Unterdrücker? Handeln nicht die meisten der Bücher über den neuen Hass auf Juden eigentlich von Israel und davon, wie der Hass der Linken auf dieses Land von Antizionismus zu Antisemitismus überschwappt? Na ja, schon, aber ich denke mir irgendwie: *Fuck Israel.* Ich nenne Israel auf Twitter blödes Scheiß-Israel, was immer einige Juden in Rage bringt, aber die Aussage bezieht sich eigentlich nicht auf das Land selbst. Sie zielt eher auf die Debatte ab, auf die blöde, beschissene Art und Weise, wie sich alle sofort gegenseitig anbrüllen, sobald irgendjemand irgendetwas zu dem Thema sagt. Oder auch *nicht* zu dem Thema. Hier ein typischer Twitter-Moment aus meiner Timeline:

> **@Baddiel** *In letzter Zeit schaue ich manchmal Golf. Wie jeder weiß, der My Family: Not the Sitcom gesehen hat, ist das in genetischer Hinsicht besorgniserregend.*

> ▬▬▬▬▬ Antwort an **@Baddiel** *Viel Spaß beim Golfschauen, da brauchst du dir auch nicht anzuschauen, was in Palästina los ist.*

Ich habe im Netz lange Zeit einen Preis für diese Art von Tweet vergeben, den #BringIsraelPalestineIntoItSomeFuckingHow Award. Dann wurde mir klar, dass es so oft passierte, dass das sinnlos war.

Aber für alle, die sich das gefragt haben – meine Haltung zu Israel sieht folgendermaßen aus: Ich interessiere mich nicht mehr dafür als für irgendein anderes Land, und davon auszugehen, dass ich das tun müsste, ist rassistisch. Davon auszugehen, dass ich in der Israel-Frage irgendeine starke Position vertrete, ist rassistisch. Denn ich bin Engländer – Jude, ja, aber meine jüdische Identität beruht auf Groucho Marx, auf Larry David, auf Sarah Silverman, auf Philip Roth, auf *Seinfeld*, auf Saul Bellow, auf eingelegtem Hering, auf dem Pessachfest in Cricklewood 1973, darauf, dass meine Mutter vor den Nazis geflüchtet ist, und darauf, dass ich in meiner jüdischen Grundschule eine Jarmulke getragen habe – und nichts davon hat irgendetwas mit einem fünftausend Kilometer entfernten Land im Nahen Osten zu tun. Und außerdem: Was mein Verhältnis zum Judentum angeht, sind Israelis ohnehin *nicht* besonders jüdisch. Sie sind zu machohaft, zu muskelbepackt und aggressiv und selbstbewusst. Wie ich es formuliere – oder besser gesagt, wie Lenny, ein jüdisch-amerikanischer Taxifahrer, den ich für meinen Film *The Infidel* erdacht habe, es formuliert: »Juden ohne existenzielle Angst, ohne Schuldgefühle. Also gar keine Juden.«

Manche finden diese Einstellung kaltschnäuzig, sie finden, ich sollte den Palästinensern mehr Beachtung schenken. Das tue ich, aber nicht mehr als den Rohingya oder Leidenden in Syrien oder jesidischen Frauen oder verhungernden Kindern in Burkina Faso. Ich schenke ihnen allen Beachtung, aber nicht genug, denn wenn ich es täte – wenn ich ein besserer Mensch wäre –, würde ich mein luxuriöses Leben in London aufgeben und losziehen, um einigen dieser Menschen zu helfen. Aber da ich dieser Mensch nicht bin, hat der Gedanke, ich sollte den Palästinensern *mehr* Beachtung schenken, einen merkwürdigen Beigeschmack. Es klingt darin der Gedanke an, Juden – nichtisraelische Juden – müssten sich in irgendeiner Weise für Israel entschuldigen: dass Juden – nichtisraelische Juden – sich ein wenig für Israel schämen sollten und dass sie, bevor sie an irgendeinem öffentlichen Gespräch teilnehmen dürfen, als eine Art Bittgesuch etwas in dieser Richtung formulieren müssen.

Im Übrigen glaube ich, dass sich viele Juden auf der Linken tatsächlich für Israel schämen und auch nicht müde werden, das immer wieder zu betonen. Wunderbar. Ich will nicht andeuten, Israel hätte nicht vieles getan, wofür man sich schämen könnte. Aber die Sache ist die: Ich bin nicht für diese Taten verantwortlich, und zu erwarten, dass ich so empfinde, ist rassistisch. Wenn ein nichtisraelischer Jude sich verantwortlich fühlt, ist das *internalisierter* Rassismus. Um ganz ehrlich zu sein, glaube ich, eine ganze Menge Juden auf der Linken schämen sich einfach dafür, jüdisch zu sein. Ich glaube, Juden auf der Linken haben die Mythen von den Juden als reichen kapitalistischen Machtmenschen zu einem gewissen Grad übernommen und wollen daher extra betonen, wie unjüdisch sie sind, und die perfekte Konsequenz daraus ist, Israel zu hassen. Ich für meinen Teil denke: Israel? Meh.

Das Obige wurde vor dem Gewaltausbruch in Gaza im Mai 2021 verfasst. Meine grundsätzliche Haltung hat sich seither nicht verändert, aber diesen Einschub hier schreibe ich inmitten der extremen Reaktionen auf allen Seiten zu einem Auflodern dieses Konflikts, und ich möchte etwas ergänzen. Komischerweise geht es schon wieder um Jesus. Im Mai 2021 fand auch in London eine Free-Palestine-Demonstration statt. Viele der Demonstranten trugen Schilder, und auf vielen davon waren Nazi- und Holocaust-Anspielungen zu lesen, aber dasjenige, das mir unter die Haut ging, zeigte Jesus – es war eine recht hübsche Zeichnung von ihm auf seinem letzten Gang mit dem Kreuz, die mich an christliche Comics aus meiner Kindheit erinnerte. Und darunter stand: »Lasst nicht zu, dass sie das noch mal machen.«

Auch wenn ich es wie gesagt zu vermeiden versuche – beim Sprechen über Antisemitismus ist es manchmal schwer, nicht in das Sprechen über Israel und Palästina hineingezogen zu werden. Dieses Hineingezogenwerden vollzieht sich häufig in Gestalt einer so langen wie sinnlosen Diskussion über den »Unterschied zwischen Antizionismus und Antisemitismus«. Dabei stehen sich die eine, konservative jüdische Seite, die meint, da gebe es keinen Unterschied, und die andere, progressivere Seite gegenüber, die meint, zwischen beidem klaffe ein breiter Spalt, und die Kategorisierung antizionistischer Proteste als antisemitisch sei nur eine rassistische Technik, propalästinensischen Aktivismus zu diskreditieren.

Für mich – wenn ich mich schon darüber auslassen muss – ist die Unterscheidung hier eigentlich ganz einfach: Man muss nur nach uralten Stereotypen Ausschau halten. Denn Antisemitismus zeichnet sich nun einmal unter anderem dadurch aus, dass er eine sehr alte Form des Rassismus darstellt. Gewisse üble Mythen, üble Bilder und üble Assoziationen verbinden Antisemiten seit Jahrhunderten mit Juden; lange vor der Gründung des Staates Israel im Jahr 1948. Finden solche Stereotype sich in einem politischen Gespräch über den gegenwärtigen Nahen Osten wieder, schlägt mein Antijüdischer-Rassismus-Radar an. Bei denjenigen Menschen, die dieses Gespräch ständig führen wollen, gibt es noch viele andere mögliche Indizien, insbesondere die starke Fokussierung auf Israel und Palästina im Vergleich zu Konfliktgebieten und Ausschreitungen an anderen Orten der Welt, aber hellhörig werde ich immer dann, wenn die Geschichte ins Spiel kommt und ich etwas Negatives höre, das nicht erst heute, nicht erst seit 1948, sondern immer schon über Juden gesagt wird.

Im Gegensatz zu anderen in diesem Buch erwähnten Dingen ist das Demo-Schild mit Jesus und seinem Kreuz und dem Satz »Lasst nicht zu, dass sie das noch einmal machen« kein komplexer antisemitischer Code. Es will sich nicht am Betrachter vorbeischummeln. Es ist schlicht der älteste aller negativen

Mythen über die Juden, älter noch als die Ritualmordlegende oder die Behauptung, Juden würden insgeheim die Welt beherrschen: Die Juden hätten Christus getötet.

Wir müssen nicht weiter auf die komplexe theologische Historie des damaligen Geschehens eingehen (natürlich waren es in Wahrheit die Römer, die Christus getötet haben, und ohnehin ist Christi Tod offenkundig entscheidend für die Erlösung der Menschheit, womit Jesu »Mördern« doch gewiss eine Schlüsselrolle in dieser heiligen Erzählung zufällt … gut, jetzt bin ich doch darauf eingegangen), denn die unmissverständliche Botschaft dieses Mythos lautet: Die Juden sind Mörder, Mörder all dessen, was auf dieser Welt gut, unschuldig und heilig ist.

Wenn Sie politisch in diese Richtung neigen, werden Sie das vielleicht von der israelischen Regierung behaupten wollen. Sie könnten es der israelischen Regierung zuschreiben und dabei argumentieren, es sei keine antisemitische Äußerung. Aber mit dem »sie« auf dem Schild ist nicht die israelische Regierung gemeint. Um Toby Ziegler in *West Wing* zu paraphrasieren: Gemeint sind die Juden. Der Satz bringt die ewige und immer wiederkehrende Bösartigkeit der Juden zum Ausdruck. Anders kann es nicht sein, denn so teuflisch man Benjamin Netanjahu auch finden mag, im Jahr 33 nach Christi Geburt war er noch nicht da, um #TeamBarabbas zuzujubeln.

An der heftiger denn je ausfallenden Reaktion zum Nahostkonflikt lese ich allerdings eine weitere Verwischung der ohnehin stets undeutlichen Grenze zwischen der »Akzeptierbarkeit« des Antizionismus und der Nichtakzeptierbarkeit des Antisemitismus ab. Zu den singulären Eigenschaften dieser bestimmten Form von Rassismus gehört neben der Art und Weise, wie sie von ansonsten eingeschworenen Antirassisten aufgefasst wird, auch der grundlegende Verdacht, Antisemitismus entstehe nicht wie alle anderen Formen von Rassismus spontan aus dem Hass und den Schuldzuweisungen der Mehrheitskultur heraus, sondern aus einem Fehlverhalten der Minderheit selbst – das ist das, was die Linke in anderen Zusammenhängen, nicht aber in diesem, als Täter-Opfer-Umkehr bezeichnet. Widerfährt Juden etwas Schlimmes, sind entsprechend in irgendeiner Weise immer Juden dafür verantwortlich. Der Aktivist Tariq Ali sagte auf derselben Kundgebung, auf der das Jesus-Schild zu sehen war: »Beendet die Okkupation, beendet die Bombenangriffe, dann wird der beiläufige Antisemitismus bald verschwinden.« Ich bin mir nicht ganz sicher, ob Ali unter *beiläufig* auch versteht, dass, wie in London geschehen, Männer in einem Autokorso praktisch in Hörweite meines Hauses durch Megafone zur Vergewaltigung jüdischer Frauen und Töchter aufrufen. In jedem Fall ist die Annahme, Antisemitismus entspringe nur aus dem Handeln der israelischen Regierung, radikal geschichtsvergessen. Tatsächlich kam es schon vor 1948 zu einigen ziemlich bedeutenden antisemitischen Ereignissen – in einem recht namhaften Fall sehr kurz davor.

Bereits lange wird Antisemitismus von Progressiven auf den Status eines nicht richtigen, nicht echten Rassismus herabgestuft. In der heutigen, von den Sozialen Medien angeheizten Erregung, die nach Bösewichten giert, die augenblicklich zur Rechenschaft zu ziehen sind, geht es noch einen Schritt weiter. Dass bereits die Vorstellung einer kollektiven Verantwortung rassistisch ist, ist im gerechten Zorn untergegangen. Jeder Jude ist Freiwild. Zum Zeitpunkt meiner Niederschrift hat eine britisch-libanesische Bloggerin ihren 11 000 Followern gerade aufgetragen, mich auf meiner Stand-up-Tour zu belästigen, da die Erlöse meines Buchs zweifellos der Finanzierung illegaler Siedlungen und tödlicher Angriffe der israelischen Verteidigungsstreitkräfte zugutekämen. In Los Angeles wurden Gäste in einem Sushi-Restaurant beim Abendessen von Demonstranten unterbrochen, die zu wissen verlangten, wer von ihnen jüdisch sei. In den britischen Nachrichten wurden Bilder von zwei Aktivisten gezeigt, die nach Golders Green fuhren – einem jüdischen Viertel in Nordlondon –, um dort auf Riesenbildschirmen Holocaust-Material zu zeigen und mit Mikrofonen in der Hand offensiv auf jüdische Passanten zuzugehen, denen sie erklärten, sie würden Israel nicht anerkennen (ungeachtet der Tatsache, dass sich viele orthodoxe Juden ohnehin weigern, an den Staat Israel zu glauben).

Hätte sich etwas Vergleichbares in einem muslimischen Viertel Londons ereignet, wäre die Aktion augenblicklich beendet und von Progressiven weithin verurteilt worden. Antisemitismus aber wird heute als verständlich wahrgenommen. In einer Dokumentation mit dem Titel *Confronting Holocaust Denial*, die ich für BBC 2 gedreht habe, sagte mir Professor Gilbert Achcar von der SOAS University of London, man müsse die Vorherrschaft der Holocaust-Leugner in Gaza und im Westjordanland – dort hängen über 80 Prozent der Einwohner dieser Verschwörungstheorie an – als eine Reaktion auf die Lebensumstände verstehen, als irrationale Abwehr von etwas, das dem Feind heilig ist. Was als Analyse in Ordnung geht, aber kompliziert wird es dann, wenn man mit dem Wort verständlich, wie so oft, *verzeihlich* meint. Die in riesigem Ausmaß zunehmenden Angriffe auf Juden – 600 Prozent mehr Vorfälle allein in Großbritannien innerhalb der Zeitspanne des eskalierenden Konflikts 2021 – scheinen auf die schulterzuckende Einschätzung zu treffen, das sei schon irgendwie angemessen. Irgendwo im Schwarmdenken, ganz sicher dort, wo man es auf Twitter summen hört, herrscht die Wahrnehmung, es habe schon seine Ordnung, wenn Juden auf gewaltsamen Widerstand stoßen, wo auch immer sie sich bewegen und wie auch immer sie zu einem Konflikt stehen mögen, zu dem sie womöglich gar keine Verbindung haben. Für die Juden ist das natürlich schlecht – aber schlecht ist es auch für die vielen, vielen Menschen, die die Palästinenser unterstützen, zugleich aber nichts mit Rassismus gegen Juden zu tun haben wollen.*

---

* Selbst Menschen mit der Aufgabe, die Welt vor antijüdischem Rassismus zu schützen und über ihn aufzuklären, tappen derzeit in diese Fallen. Buchstäblich während ich dies schrieb, sah ich in den Nachrichten, dass in Österreich eine nichtjüdische Frau in der U-Bahn von drei Männern angegriffen worden war, weil sie ein Buch mit dem Titel *The Jews in the Modern World* gelesen hatte. Die Polizei entschied, die Männer nicht anzuklagen, da das Verhalten der Frau zum gegenwärtigen Zeitpunkt »provoziert« habe. Ein Akademiker namens Daniel Landau, in britischen Zeitungen beschrieben als »von der Regierung beauftragter Bildungsexperte, der bei der österreichischen Polizei die Aufmerksamkeit für Antisemitismus schärfen soll«, sagte im österreichischen Fernsehen, das sei, »wie wenn eine Frau vergewaltigt wird und man sagt: ›Was ziehst du dich denn auch so aufreizend an?‹ Hier muss ganz klargestellt werden, ohne Wenn und Aber: Es ist nicht eine Mittäterschaft, wenn man ein Buch liest …« Dieser zweite Satz ist merkwürdig. Aus der Perspektive, das Antisemitismusverständnis Progressiver zu verbessern, ist es eine gute Analogie, die Verteidigung der Angreifer mit der Verteidigung von Vergewaltigern zu vergleichen, die von provokant gekleideten Frauen reden. Das Wort *Mittäterschaft* aber lässt die Alarmglocke schrillen. Mittäterschaft womit? Mit wem? Juden? Und wäre das Lesen ein Akt der Mittäterschaft und hätte die Frau also zur Mittäterin von Juden

#JewsDontCount hat viele historische Vorläufer. Eine im Jahr 1940 vom britischen Informationsministerium herausgegebene Mitteilung, ein Leitfaden für die eigenen Propaganda-Mitarbeiter, schreibt vor, dass die Erwähnung von Gräueltaten – die Mitteilung spricht von »Schrecken« – »sehr sparsam erfolgen und sich mit der Behandlung unanfechtbar unschuldiger Menschen befassen muss: also nicht mit gewalttätigen Kriminellen und nicht mit Juden«. Diese Anweisung beruhte auf mehreren Überzeugungen. Oberflächlich basierte sie auf der in der damaligen Regierung vorherrschenden Meinung, die britische Öffentlichkeit solle nicht das Gefühl haben, um der Juden willen in einen Krieg zu ziehen. Aber darunter verbirgt sich etwas Tieferes: die innige Gewissheit, dass Juden nicht in die Kategorie der unanfechtbar Unschuldigen gehören – dass sie sich allein durch ihr Jüdischsein versündigt haben. In der Mitteilung offenbart sich die Überzeugung, um sich an einem Kampf gegen schreckliche Ungerechtigkeit zu beteiligen, müssten gewöhnliche britische Menschen das Gefühl haben, dass diese Ungerechtigkeit zu 100 Prozent nicht gerechtfertigt

gemacht, wäre der Angriff dann in irgendeiner Weise gerechtfertigt gewesen? Denn Lesen kann durchaus als Akt der Mittäterschaft gedeutet werden: Ich könnte mich provoziert fühlen, wenn in der Londoner U-Bahn jemand mir gegenüber *Mein Kampf* lesen würde. Aber diese Frau las einfach nur ein Buch über Juden. Denkt man die Analogie weiter, so würde einer Frau, deren Vergewaltiger behaupten, sie sei provokant gekleidet gewesen, doch weder von Progressiven noch hoffentlich von sonst jemandem irgendeine Art von Mittäterschaft unterstellt werden – da sich diese implizierte Mittäterschaft nur auf die üblen Fantasien des Vergewaltigers beziehen könnte. Doch in Landaus Worten schwingt die Andeutung mit, die üblen Fantasien der Angreifer in der U-Bahn könnten eine gewisse Berechtigung haben, wenn sich die Frau tatsächlich mit Juden identifizierte, indem sie das Buch las.

ist: Und wer kann das schon wirklich glauben, wenn es um die Juden geht?

Anders ausgedrückt: Juden sind nicht Teil des heiligen Kreises. Sie sind es nicht wert, geschützt zu werden. Der gleiche Ausrutscher* passierte 1980 dem damaligen französischen Premierminister Raymond Barre. Nach einem versuchten terroristischen Bombenanschlag auf eine Pariser Synagoge bezeichnete Barre das Attentat als »einen abscheulichen Angriff, der Juden zum Ziel hatte, die sich in dieser Synagoge aufhielten, und dem unschuldige Franzosen beim Überqueren der Straße zum Opfer fielen«. Was bedeutet, dass die Juden, auf die der Angriff abzielte, irgendwo in Barres Unterbewusstsein nicht unschuldig waren – und auch keine Franzosen.

Und dann gibt es noch diejenigen, bei denen der Ausrutscher vielleicht gar keiner ist. Jenny Tonge sitzt im House of Lords. Sie gehörte ursprünglich den Liberaldemokraten an, wurde aber nach einer Reihe antisemitischer Äußerungen schließlich von der Partei ausgeschlossen. Während Jeremy Corbyns Zeit als Vorsitzender der Labour Party wurde sie zu seiner Unterstützerin. Sie postet regelmäßig auf ihrer Face-

---

* Ich möchte hier den Vorhang nicht allzu sehr lüften, aber während der Überarbeitung dieses Buchs schrieb meine Lektorin an den Rand: »Wollen wir das vorangegangene Beispiel wirklich als Ausrutscher bezeichnen?« Ich dachte eine Zeit lang darüber nach. Ich verstehe ihre Ansicht, den Satz in der Mitteilung des Informationsministeriums als »Ausrutscher« zu bezeichnen, hieße, etwas potenziell Schreckliches scheinbar kleinzureden, aber auf eine gewisse Weise ist es das *mot juste*. Eigentlich ist es sogar das *mot juste* für das, was mir als das Problem erscheint, mit dem sich dieses ganze Buch herumschlägt, nämlich eine Kette unbewusster Annahmen über und Einstellungen gegenüber Juden, die irgendwo heraus- und vor allem auch hineinrutschen.

book-Seite. Sehr kurze Zeit nach dem Massaker, das der weiße Rassist Robert Bowers 2018 in Pittsburgh an jüdischen Betenden verübt hatte, schrieb sie beispielsweise diesen Beitrag:

Jenny Tonge
Absolut fürchterlich und eine kriminelle Tat, aber ist es Bibi und der derzeitigen israelischen Regierung schon mal in den Sinn gekommen, dass sie mit ihren Taten gegen die Palästinenser vielleicht jüdischen Antisemitismus neu befeuern?
Bestimmt wird jemand sagen, das sei eine antisemitische Aussage?

HAARETZ.COM
Eight killed in Pittsburgh synagogue shooting; gunman yelled 'All Jews must die'

Worauf ich erwiderte, das sei »verdammte Scheiße noch mal allerdings eine antisemitische Aussage«. Was vielleicht eine weniger gemäßigte Antwort war als die der Palestine Solidarity Campaign, einer Organisation, der Tonge angehörte, aus der sie aber kurz nach ihrem Facebook-Post austrat. Die PSC schrieb in einem Statement, Tonge habe »in ihrem Beitrag zwar anerkannt, dass dieser Mehrfachmord fürchterlich und eine kriminelle Tat war, aber in Kauf genommen, dass anklang, Antisemitismus sei nur im Kontext einer Reaktion auf Israels Umgang mit Palästina zu verstehen. Eine solche Sichtweise läuft Gefahr, Antisemitismus zu rechtfertigen oder herabzumindern.« Das ist eine erkenntnisreiche Aussage. Sie weist auf einen entscheidenden Aspekt des Antisemitismus hin, nämlich den tiefen Widerstand gegen den Gedanken, dass es sich um etwas handelt, was man als eigenständigen Rassismus bezeichnen könnte. Die Juden müssen immer auf irgendeine Art und Weise verantwortlich sein. Wenn es nicht die Banker und der Kapitalismus sind, dann ist es Israel.

Aber Jenny Tonge schenkte der Palestine Solidarity Campaign wenig Aufmerksamkeit. Kurz nach ihrem ersten Post legte sie nach. Am 11. August 2019 schrieb sie als Reaktion auf ein von einer Neuseeländerin geteiltes Video mit dem Titel »Warum ich Zionistin bin« Folgendes:

Jenny Tonge
Das kann man sich kaum anhören. Selbstrechtfertigung, Selbstgefälligkeit, Geschichtsklitterung. Einfach ekelerregend. Wir würden uns alle gern an ein sicheres Ufer retten, wenn es hart auf hart kommt, aber wir machen weiter und fragen, warum es so ist. Warum sind jüdische Menschen in der gesamten Geschichte immer wieder verfolgt worden? Warum? Ich bekomme nie eine Antwort. Würden wir das diskutieren, dann würde man uns des Antisemitismus bezichtigen, also lieber nicht, und so geht es immer weiter!

Ich schrieb:

> **@Baddiel** *Und ich wiederum würde gern wissen, warum Jenny Tonge, eine Liberaldemokratin und ein Mitglied des House of Lords – die Liberaldemokraten hatten übrigens immer ihren Anteil antijüdischer Rassisten – das sagen und ihren Sitz dort behalten kann, denn was in ihrer Frage mitschwingt, ist schlicht unverhohlener Nazismus.*

Als Nicht-Zionist gerät man unter anderem in eine interessante Beziehung zu linken Antisemiten. Die meisten linken Antisemiten gehen davon aus, man würde nur »Antisemitismus!« rufen, weil man Zionist ist. Da ich kein Zionist bin, ist das verwirrend. Obwohl es das natürlich nicht sein müsste, es könnte ja auch sein, dass ich »Antisemitismus!« rufe, weil ich etwas Antisemitisches gesehen habe.

Der Antisemitismus ist in diesem Fall recht offensichtlich, würde ich sagen; er versucht nicht einmal, sich unsichtbar zu machen. Um dem Vorwurf des Antisemitismus zu entgehen, sind eingeschworene Antizionisten wie Tonge für gewöhnlich darauf bedacht, die Wörter »Juden« oder »jüdisch« nicht zu verwenden. Selbst Verschwörungstheoretiker achten meist peinlich genau darauf, Formulierungen wie »Rothschild-Zionisten« zu verwenden, wenn sie Juden meinen. Es ist daher ziemlich überraschend, dass Tonge in ihrem Post die Formulierung »jüdische Menschen« fallen lässt. Mehr noch, jüdische Menschen »in der gesamten Geschichte«. Wie wir wissen, hat es Israel nicht in der gesamten Geschichte gegeben. Was Tonge meint, ist also eindeutig eine ewige Beschaffenheit, eine Vorbedingung der Juden.

Was Tonges Frage – »Warum sind jüdische Menschen in der gesamten Geschichte immer wieder verfolgt worden?« – andeutet, ist, dass es für diese Verfolgung einen Grund geben muss und dass also der Fehler bei den Juden liegt. Es ist das, was wir heute als Victim Blaming bezeichnen, auch wenn beispielsweise Adolf Hitler der Begriff wohl nicht bekannt war, als er in *Mein Kampf* behauptete, der Jude sei »immer nur Parasit im Körper anderer Völker«. Um dieses Zitat zu finden, habe ich übrigens in einem zufälligen Kapitel von *Mein Kampf* nach dem Wort »immer« gesucht – denn wenn ich eines über Antisemitismus weiß, dann ist es, dass der Antisemit glaubt, der Jude ändere sich nie, was auch der Grund dafür sein könnte, dass Letzterer die gesamte Geschichte über verfolgt wurde.*

Manche würden vielleicht sagen, Tonge habe eine gute Frage aufgeworfen, nämlich: Was ist der *äußere* Grund für diesen Rassismus gegen Juden im gesamten Verlauf der Geschichte? Worauf man antworten könnte, dass alle Mehrheitskulturen ein fremdes Hassobjekt brauchen und dass diese Position insbesondere in christlichen Kulturen seit Langem von Juden besetzt ist. Aber ich weiß, dass das weder die Frage ist, die sie stellt, noch die Antwort, die sie hören will. Ich weiß, dass die

---

* Bei Antisemiten sollte man immer auf *immer* achten. Ein zentraler Propagandafilm der Nazis trug den Titel *Der ewige Jude*. Ein Beispiel aus jüngerer Zeit ist Roald Dahl, der 1982 sagte: »Es gibt da eine Eigenschaft im jüdischen Charakter, die Feindseligkeit hervorruft. Vielleicht ist es eine fehlende Großzügigkeit Nichtjuden gegenüber. Ich meine, es gibt immer einen Grund, wenn irgendwo irgendetwas auftaucht. Selbst ein Widerling wie Hitler schikanierte sie nicht ohne Grund.« Was wiederum kein Beispiel für #JewsDontCount ist. Das Beispiel für #JewsDontCount ist, dass wir in Großbritannien einen Roald Dahl Day feiern und dabei kaum mit der Wimper zucken.

Frage, die Tonge angeblich gern beantwortet hätte, nicht auf die psychosozialen Machtstrukturen abzielt, die den Rassismus gegen Juden aufrechterhalten, sondern darauf: *Wodurch machen sich die Juden – auf immer und ewig, in der gesamten Geschichte – so überaus verfolgbar?* Und dass sie die Antwort – die unsagbare Antwort –, die sie angeblich so verzweifelt sucht (»Ich bekomme nie eine Antwort«), in Wahrheit längst bereithält, und es ist ein Bild in ihrem Kopf, das dem Wandbild von Mear One mit den jüdischen Bankiers, die auf den Rücken der Armen der Welt Monopoly spielen, nicht unähnlich ist.

Man sieht in Tonges Facebook-Post auch die niedrigere Vorstellung von Juden als ekelerregendem Ungeziefer durchscheinen.* Bis zu diesem Zeitpunkt hatte ich mir das Video, das sie so provozierte, noch nicht angeschaut, aber ich habe es gerade getan, um zu sehen, was daran so ekelerregend ist. Es zeigt eine jüdische Frau aus Neuseeland, die sich – wie die meisten Juden heutzutage – vollkommen darüber bewusst ist, dass Zionisten reflexhaft als ein Übel betrachtet werden, und die erklärt, warum sie trotzdem Zionistin ist. Auch wenn ich kein Zionist bin, fand ich es nicht ekelerregend. Ich stimme der Zionistin nicht zu. Aber es ekelte mich auch nicht. Und ich habe das Wort ekelerregend inzwischen oft genug wiederholt, um meinen Standpunkt hoffentlich deutlich zu machen: Jenny Tonges Erwiderung war, um einen Begriff zu verwen-

---

* Den niedrigen Teil der antisemitischen Hoch-Niedrig-Dualität zeichnet unter anderem aus, dass die Juden in ihm immer schwach und verachtenswert, aber nie als Opfer dargestellt werden. Dem doppelten Rassismus gemäß besteht die Niedrigkeit der Juden darin, dass sie widerwärtig, lästig und abscheulich sind, was bei ihnen jedoch nur eine Begleiterscheinung des Jüdischseins ist – und nichts ihnen Aufgezwungenes.

den, der von Antizionisten häufig verwendet wird, unverhältnismäßig.

Sie reagiert aus dem Bauch heraus, auf körperliche Weise. Ihre Reaktion ist eine des Abscheus: Abscheu vor den Juden, weil sie Geschichtsklitterung betreiben (hoher Status) und weil sie wehleidig nach einem rettenden Ufer verlangen, an das sie sich retten können (niedriger Status). Abscheu vor den Juden, weil sie nicht hart genug sind, wenn es hart auf hart kommt (wenn man beispielsweise zusammen mit seinen Kindern mit vorgehaltener Pistole nackt auf ein Massengrab zugetrieben wird, das man selbst ausgehoben hat).

Dieser Abscheu ist es, der Tonge in das Schweigen hineintreibt, das Schweigen im Herzen ihrer Nachricht. Falls noch jemand daran zweifelt, was sie meint: Es ist ihre empfundene Frustration darüber, nicht die Wahrheit über die Macht der Juden sagen zu können – »Man würde uns des Antisemitismus bezichtigen« –, die sie verrät. Denn es wäre nicht antisemitisch, die Frage zu stellen: Warum brauchen Mehrheitskulturen immer eine Minderheit, die sie hassen und verabscheuen können? Was ist die Psychose des Mainstreams, die in George Orwells *1984* Emmanuel Goldstein und das verordnete tägliche Zwei-Minuten-Hass-Ritual aller gegen ihn notwendig macht? Antisemitisch kann nur sein, die andere Frage zu stellen, die Frage, die gar keine Frage ist, sondern nur eine Äußerung von Hass: Was haben Juden an sich, das sie so hassenswert macht?

Und dann, nur zur Bestätigung, dass Jenny Tonge es tatsächlich meint, erhielt ich diesen Tweet als Antwort:

▇▇▇▇ Antwort an **@Baddiel** *Aber das kann man doch fragen!! Warum?*
Ihr bringt jedes Mal Nazis, wenn die Fragen gestellt wird. Ihr bringt sogar Nazi, während Palästina töten. Warum? Die nächste Generation wird glauben, Holocaust ist von Zionist ausgedacht.
Macht besser schnell mehr Filme mit Böse Nazis.

Es ist schwer zu sagen, wer ▇▇▇▇ ist. Sie stellt sich auch als Person of Colour und als Muslima dar, ich glaube, aus Indonesien, aber es ist durchaus möglich, dass ihr echter Name Sergej ist und sie in einem Keller in St. Petersburg sitzt.

Aber nehmen wir einen Augenblick lang an, sie wäre echt. Ihr Tweet ist schwer zu analysieren, weil sie die englische Sprache offensichtlich nicht richtig beherrscht und weil sie auch logisches Denken offensichtlich nicht richtig beherrscht. Aber sie tut etwas, was *meiner* Logik zugutekommt, nämlich den gar nicht latenten Rassismus in Jenny Tonges Tweet zutage zu befördern. Am wirksamsten tat sie das in ihrer weiterführenden Auseinandersetzung mit anderen:

1. ▇▇▇▇ *Aber du hast nicht auf die Frage geantwortet*

2. ▇▇▇▇ Antwort an ▇▇▇▇ *Weil manche gegenüber jüdischen Menschen eben rassistisch sind. Einfache Frage. Einfache Antwort.*

1. ▇▇▇▇ Antwort an ▇▇▇▇ und **@Baddiel** *PWAHA HAHAHAHAHAHAHAHAHAHAHAHAHAHAHAHAHAHAH AHAHA*

Wie Sie sehen, ist ▮▮▮▮▮ weniger an Diskretion und damit an Schweigen interessiert als Jenny Tonge. Sie muss sich keine Gedanken darüber machen, des Antisemitismus bezichtigt zu werden, und kann dem Vorwurf daher getrost ins Gesicht lachen. Mehr noch, sie findet die ganze Vorstellung, Juden könnten Rassismus ausgesetzt sein, einfach lachhaft. Was wiederum nützlich ist, weil sich Jenny Tonges Schweigen dadurch deuten lässt. Die Wahrnehmung, dass Juden mächtig sind und die Kontrolle haben und damit Unterdrücker sind, führt dazu, dass Diskriminierung ihnen gegenüber nicht besonders ernst genommen werden kann und nach Ansicht von ▮▮▮▮▮ nicht einmal möglich ist.

Es verändert sich. Die Nichtberücksichtigung der Juden durch die Identitätspolitik ist nicht mehr ganz dieselbe. Ende 2020 entschuldigten sich beispielsweise Roald Dahls Erben für Dahls Antisemitismus (s. Fußnote S. 106). Das stand im Einklang mit der Art von öffentlicher Entschuldigung für verschiedene Verletzungen verschiedener Minderheiten, die heute fester Bestandteil der Kultur ist. Das Wort, das in Dahls Fall ein wenig eingeschränkt werden muss, ist allerdings nicht »Entschuldigung«, sondern »öffentlich«. Die Entschuldigung wurde erst bekannt, als die *Sunday Times* sie ans Licht brachte, weil sie auf einem schwer zu findenden Teil der offiziellen Website versteckt war. Wie die Zeitung es formulierte: »Um sie auf Dahls offizieller Internetseite zu finden, muss man auf der Homepage bis ganz nach unten scrollen, auf ›Über uns‹ klicken, dann auf ›Erfahren Sie mehr über die Roald Dahl Story Company‹, die wenig bekannte Kapitalgesellschaft, die seine literarische Hinterlassenschaft verwaltet. Dann muss man ›Mitteilungen der RDSC und der Familie‹ auswählen, wo noch nichts von ›Entschuldigung‹, ›Antisemitismus‹ oder ›Roald Dahl‹ zu lesen ist.« Wodurch sich diese Entschuldigung von jenen ungleich stärker performativen, breit über die sozialen Medien gestreuten unterscheidet, derer sich in der Öffentlichkeit stehende weiße Menschen heute regelmäßig bedienen, um sich von anderen Arten von historischem Rassismus reinzuwaschen. Darüber hinaus enthielt dieselbe Ausgabe der *Sunday Times* einen großen Artikel über ein kommendes Weihnachts-Familiendrama im Fernsehen, *Roald & Beatrix: The Tail of the Curious Mouse*, was darauf schließen ließ, dass Dahls herzerwärmende Beliebtheit in Großbritannien auf irgendeine Weise weiterbestehen würde.

Es ist nicht ganz sicher, inwieweit die Juden selbst dazu bereit sind, für gleiche Bedingungen für alle einzutreten. Am 1. Dezember 2018 besprach Giles Coren, Restaurantkritiker der *Times* und Jude, das Ivy Café in St. John's Wood, einer wohlhabenden und recht jüdisch geprägten Wohngegend im Norden Londons. Er leitete die Rezension mit der Bemerkung ein, er habe in jüngerer Zeit mehrfach mit anderen Feinschmecker-Kritikern zusammengesessen, die keine Juden waren und die das Restaurant während ihrer Unterhaltung das Oy Vey Café genannt hätten.

Giles erwähnt das zu Beginn der Rezension und macht sich anschließend Gedanken. Er macht sich Gedanken, ob er etwas hätte sagen sollen oder nicht. Er macht sich Gedanken darüber, ob es rassistisch ist oder nicht. Er macht sich Gedanken darüber, ob diejenigen, die den Scherz machten, wussten, dass er Jude ist, oder nicht. Seine Aufregung läuft im Grunde auf ein großes SIE HASSEN UNS, ABER LASST UNS KEINE

GROSSE SACHE DARAUS MACHEN hinaus. Ich postete, er solle »die rassistische Arschgeige an den Pranger stellen. Die Zeiten, in denen Juden gute Miene zum bösen Spiel gemacht und geglaubt haben, Beleidigungen gegen uns wären nicht so schlimm wie gegen andere Minderheiten, sind vorbei.«

Das war zu einem gewissen Grad Großspurigkeit. Ich weiß nicht, ob diese Zeiten tatsächlich vorbei sind. Ich weiß nicht, ob Juden heute gewillt sind, das gleiche Aufhebens zu machen wie andere Minderheiten. Aber zwischen 2015 und 2019 hatte immerhin die Brandmarkung von Corbyns Labour Party als antisemitisch den Effekt, die britische jüdische Community erstmals zu mobilisieren. Wodurch auch zum ersten Mal seit mindestens dem Zweiten Weltkrieg eine größere Zahl von Menschen auf das Thema aufmerksam gemacht wurde. Antisemitismus wurde als Problem erkannt. Artikel darüber erschienen in nichtjüdischen Zeitungen; Politikerinnen und Politikern wurden im Fernsehen schwierige Fragen gestellt; es gab sogar einen Hashtag – #enoughisenough –, der bei Twitter womöglich gar kurz trendete.

Natürlich war das auch ein Etikett, gegen das sich bei vielen Linken Widerstand regte, darunter auch jüdische Linke. Wie ich weiter oben sagte, stimmten zu jener Zeit nicht alle britischen Progressiven mit der progressiven Vorstellung überein, allein die Opfer von Rassismus hätten das Recht zu sagen: »Das ist Rassismus.« Stattdessen frönten große Teile der Linken* von Beginn an der sehr unprogressiven Tätigkeit des Victim

---

* Es gibt im Netz #notallmen oder #notallwhites – satirische Hashtags. Beispielsweise wird #notallmen oft von Feministinnen hinter patriarchatskritische Äußerungen gesetzt, weil sie wissen, wenn sie »die Männer« beschuldigen, irgendetwas zu tun, werden Männer darauf

Blaming (und auch des Whataboutism: »Was ist denn mit Islamophobie in der Tory Party?« usw.). Gewiss gab es inmitten des langen Hin und Her der Anschuldigungen und Verteidigungen um das Thema Antisemitismus in der Labour Party Fälle, in denen die jüdische Community überreagierte. Und gewiss wurde das Thema von den Gegnern der Labour Party auch stark instrumentalisiert. Sehen wir uns ein Beispiel für diese Instrumentalisierung an.

Matt Hancock, der konservative britische Gesundheitsminister, wurde dabei gefilmt, wie er vor der Wahl von 2019 in seinem eigenen Wahlkreis sprach. Er stieß auf Kritik, weil die Konservativen einmal versprochen hatten, das Gesundheitssystem mit fünfzigtausend neuen Pflegekräften zu stärken. Die Menge wurde unruhig. Verzweifelt zog er eine Trumpfkarte: die Labour Party und der Antisemitismus. Es war ein zynischer, angstgesteuerter Zug. Aber die Reaktion der Zuhörer ist in meinen Ohren erstaunlich. Als sie Hancocks Schwur hören, »die antisemitische, rassistische Haltung eines Jeremy Corbyn zu bekämpfen«, buhen sie ihn aus, sie beschimpfen ihn, sie stehen auf und nehmen ihm das Mikrofon aus der Hand. Anschließend sah ich Aufnahmen davon überall im Netz, oft von Progressiven geteilt, häufig mit witzelnden Überschriften. Also schrieb ich:

reagieren, indem sie sich selbst von diesen Vorwürfen ausnehmen. In ähnlicher Weise bin ich mir natürlich bewusst, dass das von mir beschriebene Verhalten der Einschränkung #noteveryoneontheleft bedarf.

> **@Baddiel** *Das fröhliche, spaßige Retweeten dieses Videos durch Progressive … hmm. Hancock ist ein Tory-Trottel, der hier auf haarsträubende Weise die Antisemitismuskarte zieht. Das Brüllen des Mobs, als das Wort Antisemitismus fiel, klang in meinen Ohren trotzdem erschreckend.*

Postwendend schlug mir eine Welle progressiver Wut entgegen. Hier ein Beispiel für eine der weniger wutschnaubenden Reaktionen:

> ▇▇▇▇▇▇ Antwort an **@Baddiel** *Sorry David, aber ich glaube wirklich, du verlierst den Verstand. Du hast dich da viel zu tief reingebohrt und siehst Gespenster. Ich werde gegen jede Art von Rassismus und Heuchelei aufstehen, aber du musst einen Schritt zurücktreten und noch mal hinschauen.*

Das beinhaltet die Formel »Ich werde gegen jede Art von Rassismus und Heuchelei aufstehen«. Was eine interessante Aussage ist, wenn man gerade einen Juden zurückweist, der gesagt hat, ihm mache ein von dem Wort »Antisemitismus« getriggerter lärmender Mob Angst. Hier ein weiteres Beispiel:

> ▇▇▇▇▇▇ *Ich glaube, es geht weniger um den Mob, der die Vorstellung ablehnt, es gebe auf der Linken Antisemitismus, als vielmehr darum, wie offensichtlich es ist, dass Hancock sich überhaupt nicht für Juden interessiert, sondern Antisemitismus als schamlose und wohlfeile Rettungsstrategie einsetzt, um die Opposition anzugreifen.*

@Baddiel Antwort an ▓▓▓▓▓ *Wie schon gesagt, stimme ich dem zu. Und finde *trotzdem*, dass es in jüdischen Ohren nicht gut klingt. Ich frage mich, ob sich diese kognitive Dissonanz auch bei denen einstellen kann, die von Antisemitismus nicht direkt bedroht sind. Womöglich nicht.*

Was ich da tue, ist vielleicht, mich in der Hoffnung an ▓▓▓▓▓ und diejenigen, die mein Gespräch mit ▓▓▓▓▓ verfolgen, zu wenden, sie würden erkennen, dass das, was sie im Versuch des Verstehens nicht miteinbeziehen können, die gelebte Erfahrung der Juden ist. Ich dachte, indem ich meine eigene Verletzlichkeit verdeutliche und Wörter wie »bedroht« und »erschreckend« verwende, würde ich verständlich machen, dass ich einen komplexen, vielleicht widersprüchlichen Gedanken zum Ausdruck bringe: Ich weiß, dass Hancock vorsätzlich die Antisemitismuskarte zieht, aber dieses Bewusstsein tritt hinter dem reinen Klang einer Menge zurück, die auf das Wort »Antisemitismus« spöttisch, abfällig und gewaltsam reagiert. Unabhängig vom Kontext, unabhängig davon, wie vulgär Matt Hancock sich verhält, ist dieser Klang für jüdische Ohren (und die meisten Juden stimmten mir zu) erschreckend. Ich glaube, was die Mitglieder der Labour Party, die zwischen 2015 und 2019 beim Thema Antisemitismus in die Defensive gerieten, nie verstanden haben, ist, wie verängstigt Juden tief im Inneren sind. Juden, insbesondere die aus meiner Generation, wuchsen im Schatten des Holocaust auf. Meine Mutter wurde im Deutschland der Nazizeit geboren. Um ein Haar hätte es mich nie gegeben.

Ja, ja, die Nazis. Ich glaube, es grassiert unter denen, die den Antisemitismus abtun, eine gewisse Nazimüdigkeit. Godwins

Gesetz ist ein Internet-Diktum, das besagt: In jeder Auseinandersetzung im Netz wird früher oder später irgendjemand das Gesagte in Bezug zu Nazis setzen, und damit ist die Diskussion dann beendet. Ich bin auch der Meinung, dass man in einer Debatte Nazivergleiche am besten vermeidet. Aber mir ist aufgefallen, dass manchmal nicht verstanden wird, dass es für diese Regel eine Ausnahme gibt. Hier ist jemand namens ▇▇▇▇▇▇, der es nicht versteht:

▇▇▇▇▇▇ *Bin zu 100 % mit* ▇▇▇▇▇▇ *einverstanden. Ein Atheist kann kein Jude sein. Und immer wieder aufs Neue zu betonen: »Juden sind anders« führt zu Antisemitismus.*

Retweetet mit Kommentar durch **@Baddiel** *OK. Wirklich schade, dass du nicht da warst, um der Gestapo zu erklären, dass mein atheistischer Großonkel kein Jude sein konnte.*

▇▇▇▇▇▇ Antwort an **@Baddiel** *Super, benutzen wir die Nazis, um die Diskussion einzuordnen. Das ist immer eine gute Idee.*

Was ▇▇▇▇▇▇ nicht erkannt hat, ist, dass man sich immer auf die Nazis beziehen kann, wenn es um Antisemitismus geht. Weil das etwas anderes ist, als über Veganismus zu diskutieren und jemanden Hitler zu nennen, weil er Milch trinkt. Beim Thema Antisemitismus *ist* das eine das andere. Juden haben diesen Bezugspunkt, einen schrecklichen, aber geistig unentrinnbaren Bezugspunkt. Wir haben den Vorteil – ein komisches Wort, aber mir fällt kein besseres ein –, über ein objektives Beispiel dafür zu verfügen, was logisch daraus folgen wird, wenn dem Antisemitismus keine Grenze gesetzt wird.

Aber dennoch: Ich spüre das *Ja, ja*. Als ich sie für eine BBC-Dokumentation über die Verleugnung des Holocaust interviewte, sprach die Schriftstellerin Deborah Lipstadt über etwas, was sie Softcore-Holocaust-Leugnung nannte, worunter auch der Satz fiele, und ich zitiere: »Ja, aber schaut euch doch heute an.« Was bedeutet: Kommt schon, Juden, es geht euch doch gut. Ihr seid reich, ihr seid mächtig, ihr habt Israel. Im Grunde sagen Nichtjuden damit: Es reicht langsam. Ich erkenne das auf subtile Weise auch in Ash Sarkars Formulierung »zu diesem Zeitpunkt der Geschichte« in dem Satz »Antisemitismus zeigt sich zu diesem Zeitpunkt der Geschichte vorrangig als Vorurteile und Feindseligkeit gegenüber Juden als Juden, weitgehend ohne Aspekte materieller Aberkennung.« Auf eine sehr schlichte Weise hat Sarkar natürlich recht: Juden werden im Allgemeinen nicht mehr ihre Besitztümer weggenommen wie während der 1930er-Jahre in Deutschland. Aber das beruht auf der Vorstellung, dass die Geschichte nicht sowohl innerhalb der Erinnerung als auch der Kultur fortlebt. Ich wurde neunzehn Jahre nach Kriegsende geboren. Je älter ich werde, desto stärker fühlen sich neunzehn Jahre wie gestern an. Die Enteignung und Traumatisierung, die meine Großeltern erfuhren, endeten nicht mit ihnen. Mein Großvater musste für den Rest seines Lebens immer wieder mit klinischen Depressionen in psychiatrische Kliniken eingeliefert werden. Meine Mutter war eine großartige Frau, aber zutiefst versehrt. Und ich … na ja, das wäre noch mal ein ganzes Buch. Worauf ich hinauswill, ist, dass Geschichte nicht Vergangenheit ist. Ihre Auswirkungen leben in der Gegenwart fort.

Aber für diejenigen, die immer noch *Ja, ja, es reicht langsam* denken: Ich habe weiter oben gesagt, beim Weißsein gehe es nicht nur um Hautfarbe, sondern um Sicherheit. Das wird durch weiße Privilegien verkörpert. Weiß heißt eigentlich: sicher. Also: Wie sicher sind Juden heute? Nun, hier ist eine Tabelle aus einem im Jahr 2018 veröffentlichten EU-Bericht:

	AT	BE	DE	DK	ES	FR	HU	IT	NL	PL	SE	UK	∅
Antisemitismus im Internet, einschließlich sozialer Medien	85	92	89	71	86	95	81	90	80	92	81	84	89
Feindselige Äußerungen gegenüber Juden auf der Straße oder in anderen öffentlichen Räumen	46	81	80	47	52	91	46	51	71	37	69	52	73
Antisemitismus in den Medien	51	84	68	51	85	80	69	73	63	73	63	61	71
Antisemitismus im politischen Leben	63	69	61	37	66	67	74	55	49	77	58	84	70
Vandalismus gegen jüdische Gebäude oder Institutionen	31	68	61	45	45	88	35	48	57	39	60	45	66
Antisemitische Graffiti	36	64	53	28	54	83	58	66	38	71	48	45	64
Schändung jüdischer Friedhöfe	40	53	61	20	31	83	53	51	37	51	48	45	63

Ich würde sagen, das sind recht hohe Prozentzahlen für Dinge, die für mich als Juden bedeuten, dass ich nicht sicher bin. In ähnlicher Weise wurden im Jahr 2018 60 Prozent aller religiös motivierten Hassverbrechen gegen Juden begangen (im Vergleich dazu hatten 18,6 Prozent Muslime zum Ziel). Aber ich mache mir nicht viel aus Statistiken – aus ihnen lässt sich nur schwer irgendeine tatsächliche Realität ableiten –, darum hier eine Sammlung spezifischer Vorfälle aus dem Jahr 2019, die dieses Gefühl von Unsicherheit vielleicht greifbarer machen:

In Paris wurde ein Student in der U-Bahn bewusstlos geschlagen, weil er am Telefon hebräisch gesprochen hatte. Während der Gelbwesten-Proteste in der Stadt fiel eine Menschenmenge über einen Schriftsteller und Philosophen her und schrie »Dreckjude« und »zionistische Dreckscheiße«. In Berlin wurde ein Jugendlicher von drei Männern gewürgt und mit lautstarken antisemitischen Beleidigungen belegt. An Jom Kippur versuchte ein bewaffneter Mann erfolglos, in eine Synagoge in Halle einzudringen, in der etwa achtzig Menschen zum Gebet versammelt waren. Nach dem gescheiterten Versuch schoss der Mann auf Passanten, tötete zwei von ihnen und verwundete zwei weitere, die allesamt nicht mit der Synagoge in Verbindung standen. In London wurde ein Rabbi ins Krankenhaus eingeliefert, nachdem er von zwei Jugendlichen angegriffen worden war, die »Tötet die Juden« gerufen hatten. In der Nähe meiner Wohnung in Belsize Park wurden Läden mit Davidsternen und dem Schriftzug *9–11* beschmiert. In Melbourne wurde ein jüdischer Junge gezwungen, einem Mitschüler den Schuh zu küssen. In Polen wurde ein jüdischer Friedhof mit den Worten »Juden fressen Kinder« geschändet. In Amsterdam wurde am Bevrijdingsdag, dem Nationalfeiertag zum Gedenken an die Befreiung von den Nazis, ein jüdischer Mann von Feiernden attackiert, die Lieder über das Vergasen von Juden sangen. In Moskau wurde eine Jeschiwa in Brand gesetzt. In Istanbul wurde ein Brandbombenanschlag auf eine Synagoge verübt. In der Ukraine wurden die Fenster einer Synagoge mit Steinen eingeschmissen. Gegen Ende des Jahres wurden in einem Laden für koschere Lebensmittel in Jersey City, New York, fünf Menschen getötet.*

Das – nur eine kleine Auswahl der gesamten Vorfälle – zeigt, warum Juden sich nicht weiß fühlen, wenn man mit »weiß« sicher meint. Und was mich betrifft: Ich fühlte mich nicht weiß, als ich mit zwölf Jahren auf eine neue Schule kam und ein Lehrer mit Blick auf mich gehässig »Jude« sagte, worauf ein anderer erwiderte: »Natürlich.« Ich fühlte mich nicht weiß, als ich, der ich als Jugendlicher T. S. Eliot geliebt hatte, entdeckte, dass Juden für ihn niedriger als Ratten waren. Ich fühlte mich nicht weiß, als ich in den 1970er-Jahren in London von Skinheads verprügelt wurde, auch wenn ich später Comedy daraus gemacht habe. Ich fühlte mich nicht weiß, als im Stamford-Bridge-Fußballstadion ein Mann hinter mir mehrfach »Scheiß auf die Scheißjuden!« brüllte. Ich fühlte mich nicht weiß, als mich wutschnaubende Tweets adressierten, die mir erklärten, Mear Ones Wandbild sei nicht antisemitisch, sondern stelle vielmehr mit Fug und Recht »zionistische Gier« dar. Und während sich die Beispiele dafür aufeinandertürmen,

---

* Im Übrigen verhielt es sich lange so, dass Gewalt gegen Juden zwar von manchen Linken heruntergespielt oder entschuldigt, aber doch hauptsächlich von Rechtsextremen verübt wurde. Heute – und ich denke, das liegt unter anderem an etwas, wovon dieses Buch handelt, nämlich der Positionierung der Juden als privilegiert/auf der Seite der Unterdrücker stehend – ist das nicht mehr so einfach. Einige der beschriebenen Angriffe werden von Rechten ausgegangen sein, andere werden von Islamisten gekommen sein, und die Gelbwesten decken ein breites politisches Spektrum einschließlich der extremen Linken ab. Die Schüsse in Jersey wiederum wurden von zwei Menschen abgegeben, die mit einer Gruppe namens Black Hebrew Israelites in Verbindung standen. Als Jude kann man sich heute von allen Seiten angegriffen fühlen.

dass Juden nicht zählen, fühle ich mich beim Verfassen dieses Buchs auch nicht besonders weiß.

Eine Nachbemerkung. Jeder, der die 864 Seiten von Charlie Kaufmans *Ameisig* bewältigt, wird feststellen, dass die Hauptfigur die ganze Zeit über behauptet, kein Jude zu sein. Entkräftet das mein eingangs vorgebrachtes Argument?
 Nein. In dem Satz ruht viel Gewicht auf dem Wort »behauptet«. Der Protagonist steht in der großen Tradition der unzuverlässigen Erzähler. Er betrachtet sich als extrem progressiv, aber in Wahrheit weisen ihn seine Gedanken und Taten oft als das Gegenteil aus. Ebenso wäre es vor dem Hintergrund seines allzu heftigen Protests gegen den Verdacht des Jüdischseins keine allzu radikale Lesart, dass B. Rosenberger Rosenberg eindeutig jüdisch ist, aber vielen Juden darin gleicht, dass er, wie in dem Roman gezeigt, ein gespaltenes und schambehaftetes Verhältnis dazu hat und es nach außen hin verbirgt. Tatsächlich ist sein Verhältnis zu seinem Jüdischsein unter anderem deshalb so gespannt und schambehaftet, weil er weiß, dass es für Juden keinen Platz in dem heiligen Kreis gibt, den die Progressiven gezogen haben und den er als die »Hierarchie des Leidens« bezeichnet (die er auf keinen Fall umstoßen will). B. Rosenberger Rosenberg versucht den ganzen Roman über verzweifelt, sich mit Frauen, Afroamerikanern, trans Menschen, Menschen mit Behinderung und anderen, die in den Kreis gehören, zu identifizieren und mit ihnen zu sympathisieren – er wünscht sich oft, eine Frau, ein Afroamerikaner, ein trans Mensch oder ein Mensch mit Behinderung zu *sein* –, aber die auf der Hand liegende Möglichkeit, sich als jüdisch zu outen, wird durchweg ignoriert.

Wie viele jüdische Äußerungen zu jüdischer Identität ist auch Kaufmans Auseinandersetzung komplex und vielschichtig. Sie ist eines der wichtigsten und bedeutendsten wiederkehrenden Themen in *Ameisig*. Aber in der Rezension des *Observer* wird sie nicht erwähnt, weil sie, um eine etwas abgedroschene Phrase zu bemühen, nicht ins Bild passt. Oder, um eine weniger abgedroschene Phrase zu bemühen: weil Juden nicht zählen.

CODA

30. Oktober 2020

Dies ist ein recht monothematisches Buch, was gut und schlecht zugleich ist. Gut, weil sein Thema kulturell gerade eine große Rolle spielt, schlecht, weil es in steter Veränderung begriffen ist. Während der Arbeit an diesem Buch ermittelte eine unabhängige Instanz, die Equality and Human Rights Commission, wegen Antisemitismus gegen die englische Labour Party, und ich hatte buchstäblich gerade den letzten Entwurf eingereicht, als sie am 30. Oktober 2020 ihren Bericht veröffentlichte – und mit ihm war für die Juden die Kacke des linken Parteiflügels am Dampfen oder umgekehrt, je nach Sichtweise.

Der Bericht war vernichtend; man hatte verschiedene Belege für antijüdische Schikanierung und Diskriminierung gefunden und war zu dem Schluss gelangt, die Partei habe es versäumt, wirkungsvolle Maßnahmen gegen »antisemitisches Verhalten« im Allgemeinen zu ergreifen. Jeremy Corbyn reagierte mit einer Stellungnahme, in der er einige der Befunde der EHRC hinnahm, aber darauf beharrte, das Ausmaß an Antisemitismus innerhalb der Partei während seiner Amtszeit sei aus politischen Gründen übertrieben worden. Daraufhin wurde er von der Partei ausgeschlossen und ist es zum Zeitpunkt der Niederschrift noch immer, wobei Geld in einen für ihn online gestarteten großen Rechtsfonds geflossen ist, das er möglicherweise nutzen wird, um vor Gericht gegen seinen Ausschluss vorzugehen.

Mit Blick auf dieses Buch könnte man sagen: Na also – Juden zählen eben doch. Schau dir diesen enormen politischen Wirbel um Juden an. Wie kannst du da sagen, dass sie es nicht tun?

Na ja, erstens ist es genau das: ein enormer *politischer* Wirbel. Mit sehr wenig, sagen wir mal, *menschlichem* Wirbel. Nach Veröffentlichung des Berichts waren die britischen Juden ungefähr fünf Sekunden lang erleichtert, dass die breitere Bevölkerung nun vielleicht ihre Ängste und Sorgen während der vergangenen fünf Jahre verstehen würde: dass der Bericht mit anderen Worten die *Leben* von Juden und den tatsächlichen menschlichen Preis, den der Rassismus gegen sie mit sich bringt, in den Blick rücken würde. Äußerst schnell aber, kaum dass Corbyn seine Stellungnahme veröffentlicht hatte, wurde Antisemitismus wieder zu dem, was er während der gesamten Entwicklung gewesen war – eine Art und Weise, nicht seine Einstellung zu der fragilen gelebten Erfahrung der Juden, sondern seine politische Ausrichtung zum Ausdruck zu bringen. Ich sah im Netz Verlautbarungen von prominenten Progressiven, darunter Parlamentsmitgliedern, die besagten, Corbyns Ausschluss sei *eindeutig* ein Angriff auf die Linke gewesen. Diese Aussagen sprangen rasch vom reinen Lippenbekenntnis des Gewichts der Befunde des EHRC-Berichts zur Annahme über, Juden, Antisemitismus und so weiter seien nur Mittel, um endgültig mit den Überresten von Corbyns Einfluss aufzuräumen. Das verstärkte das, was, wie ich auf diesen Seiten bereits sagte, schon existierte – die Zweiteilung des Kampfes gegen Antisemitismus entlang politischer Trennlinien. Als der neue Vorsitzende der Labour Party Keir Starmer etwa sagte, er wolle Antisemitismus ausmerzen, wurde das groteskerweise als eine rechtslastige Aussage betrachtet.

Das hat den paradoxen Effekt, dass Juden – also die realen Individuen, die im Kreuzfeuer stehen – trotz des Aufhebens um das Thema das Gefühl haben, sogar noch weniger zu zählen als zuvor. Als ein progressiver Jude, der den Versuch, die Labour Party von antisemitischen Elementen zu befreien, eigentlich unterstützen würde, hat man das Gefühl, die eigene Realität spiele in dieser Auseinandersetzung gar keine Rolle. Tatsächlich hat man sogar das Gefühl, selbst überhaupt nicht zu denen zu gehören, um die sich die Auseinandersetzung dreht.

Wie ich feststellte, verstärkte diese Entwicklung auch den zentralen Punkt dieses Buchs, also das heikle Thema der Hierarchie des Rassismus und die Frage, ob so etwas existiert und ob man darüber sprechen darf. Am Tag dieser Auseinandersetzungen sagte Angela Rayner, die derzeitige stellvertretende Parteivorsitzende der Labour Party, Jeremy Corbyn sei »ein grundanständiger Mann«, der aber »in dieser Hinsicht ohne Frage einen blinden Fleck hat und einiges nicht wahrhaben will«. Ich habe die Worte »blinder Fleck« auf diesen Seiten selbst verwendet, und ich halte es nicht für völlig falsch, mit ihnen den progressiven Pesthauch zu beschreiben, der den Antisemitismus umweht: Das ist es, was ich mit »passiv« im Gegensatz zu »aktiv« meine. Aber aktuell geht es nicht mehr darum, ob Corbyn und die Parteiführung der Labour Party von 2015 bis 2019 absichtlich oder unabsichtlich antisemitisch waren, sondern um die Versöhnlichkeit der Progressiven *in beiden Fällen*. Um es ganz klar zu sagen: Hätte Corbyns blinder Fleck Rassismus gegenüber schwarzen oder braunen Minderheiten betroffen – oder auch, sagen wir, gegenüber trans Menschen, wie die für Labour im Parlament sitzende Rosie Duffield anhand der extremen und wütenden Reaktionen von Progressiven belegen könnte, die sie erhielt, als sie J. K. Rowling gegen einige Angriffe in Schutz nahm –, ich glaube nicht, dass irgendjemand auf progressiver Seite ihn dann trotzdem noch als einen grundanständigen Mann bezeichnen würde. In der Kultur, in der wir leben, wird, wenn namhafte Personen gegen einen der Glaubensartikel moderner Progressiver verstoßen, der Rest ihres Schaffens und ihres Charakters nicht mehr berücksichtigt: All das wird nichtig gemacht, wenn sie, um den überkommenen Ausdruck zu bemühen, gecancelt werden. Es spielt keine Rolle, wie anständig und wertvoll J. K. Rowlings Werk und Leben offenkundig waren, ehe sie sich in der Transdebatte zu Wort meldete. Diejenigen, die sie verurteilen wollen, sagen nicht, sie sei ein grundanständiger Mensch, der leider einen blinden Fleck hat: Sie steht jetzt auf der falschen Seite der Geschichte, als eine aktive Transphobe, als ein schlechter Mensch. Nicht antisemitisch zu sein, ist demnach keiner dieser Glaubensgrundsätze.

Oder, um es anders auszudrücken. Eine der erwähnten Journalistinnen und Kommentatorinnen, Hadley Freeman, tweetete am 30. Oktober 2020 das hier:

> **@HadleyFreeman** *Frage: Wenn man auf Intoleranz irgendeiner anderen Minderheit gegenüber hinwiese, würde das dann auch als eine unselige Ablenkung vom Eigentlichen gesehen werden, oder ist das nur bei Antisemitismus so?*

Woraufhin kurze Zeit später eine weitere bereits erwähnte Journalistin und Kommentatorin, Ash Sarkar, offenbar als Reaktion darauf tweetete:

@AyoCaesar *Man sollte ernsthaft über den fatalen Mangel an antirassistischer Aufgeklärtheit, über die Weise, wie Antisemitismus unsere Kultur formt, und über die spezifischen Arten, auf die er von denen verkörpert wird, die linke Ansichten vertreten, nachdenken. Aber verschont mich mit diesem Blödsinn von wegen »Andere Minderheiten«.*

@AyoCaesar Antwort an **@AyoCaesar** *Es ist einfach eine völlige Fiktion, dass trans Menschen, Muslime, Schwarze, Sinti und Roma angeblich in irgendeiner privilegierten Blase leben, in der die Nachteile, die sie erfahren, allgemein anerkannt sind und ihr Leid ernst genommen wird.*

In der seltsamen Welt von Twitter ist Sarkars Vorgehen als Subtweeting bekannt, was bedeutet, die Aufmerksamkeit auf andere Twitter-Nutzer zu lenken, ohne die bewusste Person dabei namentlich zu erwähnen, und es ist durchaus möglich, dass sich das in Freemans nächstem Tweet fortsetzte:

@HadleyFreeman *Ich war wütend & verletzt, als ich das schrieb, darum will ich es noch einmal präziser formulieren: Wenn man auf Intoleranz irgendeiner anderen Minderheit gegenüber hinwiese, würde das dann VON DER SELBSTERNANNTEN ANTIRASSISTISCHEN LINKEN auch als eine unselige Ablenkung vom Eigentlichen gesehen werden, oder ist das nur bei Antisemitismus so?*

Um es deutlich zu machen: Das ist ein typischer Twitter-Zwist, und Twitter ist nicht die echte Welt, aber es zeigt in politischer Hinsicht ein Abbild der echten Welt und der Auseinandersetzungen, die sie prägen. Und für das, wovon dieses Buch handelt, ist diese Auseinandersetzung wichtig. Sarkar hat natürlich recht. Es ist eine völlige Fiktion, dass all die von ihr genannten Minderheitsgruppen privilegiert sind und dass der Rest der Welt ihr Leid auf ewig ernst nehmen wird. Keine völlige Fiktion – daher Freemans Einschränkung – ist es, dass das Leid und die Benachteiligungen, die sie erfahren, *von Progressiven* ernster genommen werden als jenes Leid und jene Benachteiligungen, denen Juden ausgesetzt sind. Sarkar tut das selbst in dem bereits erwähnten Artikel, wenn sie behauptet, heutige Juden litten nicht wie andere Minderheiten unter »Aspekten materieller Aberkennung«, was, ob es nun stimmt oder nicht, nahelegt, dass sie an das Vorhandensein einer privilegierten Blase für Juden glaubt.

Doch es ist ein anderer Teil von Freemans Antwort, der einen Nerv in mir trifft: der Satz, dass sie wütend und verletzt gewesen sei. Er berührt das, was ich weiter oben über die Auslöschung der wahren Erfahrung der Juden bei all dem sagte. Für mich ist klar (und seit ich anfing, an diesem Buch zu schreiben, ist es mir noch klarer geworden): Wenn man andeutet, Progressive könnten bewusst oder unbewusst eine Hierarchie des Rassismus unterhalten, in der antijüdischer Rassismus weniger bedeutsam ist als andere Arten von Rassismus, wird man von den Progressiven sehr schnell des Rassismus beschuldigt. Im schlimmsten Fall klingt bei diesem Vorwurf an, die Juden würden von einem typisch jüdischen (und damit Schrödingers Weißen zufolge weißen) Privileg Gebrauch machen, indem sie ständig auf dem ihnen angestammten Platz am oberen Ende der Rangordnung des Leids beharrten.

Das Entscheidende an diesem Vorwurf ist, dass er Juden,

die die Hierarchie des Rassismus *spüren* – die sie Tag für Tag sehen und hören in Situationen wie den eingangs genannten Beispielen dafür, dass Juden nicht zählen –, keinen Ausweg lässt. Und: Viele Juden sind selbst Progressive. Das steht mitten im Zentrum der Wut und des Schmerzes der *Guardian*-Journalistin Hadley Freeman. Progressive Juden, Juden, die niemals in irgendeiner Weise die Schwierigkeiten anderer Minderheiten würden schmälern wollen, werden auf diese Weise durch Einschüchterung davon abgebracht, über die Empfindung zu sprechen, ihren eigenen Genossinnen und Genossen gleichgültig zu sein. Sie fühlen sich aus ihrer geistigen Heimat verstoßen und ihr entfremdet, und sie können nicht einmal das aussprechen, aus Angst, des Rassismus beschuldigt zu werden.

Es gab auf Twitter noch einen anderen Beitrag, der mir das auf persönlichere Weise verdeutlichte. Am selben – ich bin versucht zu schreiben: »schicksalhaften«, aber das klingt ein bisschen albern – Tag schrieb der renommierte britische Schauspieler Robert Lindsay:

> **@Robert Lindsay** *Ich kann mich des Gefühls nicht erwehren, dass* **@jeremycorbyn** *übel verleumdet wurde.*
> *Wegen seiner politischen Ansichten, die nicht dem aktuellen Trend entsprechen, und seines Konflikts mit den Medien wäre er nie Premierminister geworden, aber entgegen den Stimmen, die wir gerade hören, ist er ganz sicher kein Rassist.*

Ein sehr beliebter Tweet mit vielen Likes. Mehrere jüdische Twitter-Nutzer erhoben vorsichtig Einspruch, aber Lindsay fegte ihre Besorgnis beiseite und schrieb, er könne »nicht mitansehen, wie dieser Mann an den Pranger gestellt wird, während Leute wie Trump, Johnson, Farage und andere so viel Hass und Zwietracht säen«.

Natürlich eint Trump, Johnson und Farage, dass sie aus Sicht der Progressiven Rassisten sind. Der Umstand, dass Juden das Gleiche über Corbyn denken könnten, war für Lindsay offensichtlich nicht ernst zu nehmen. Aber damit will ich nicht einfach nur ein weiteres Beispiel für einen Progressiven nennen, dessen Sorge um den Rassismus, den die meisten Minderheiten erfahren, nicht mit seiner oder ihrer Sorge um die Juden in Einklang steht. Ich will Ihnen sagen, wie ich mich dabei fühlte. Denn als ich jung war, spielte Robert Lindsay in einer BBC-Sitcom mit dem Titel *Citizen Smith* mit. Sie machte ihn berühmt. Er verkörperte auf geniale Weise Wolfie Smith, einen rebellischen jungen Linken, der sich im Untere-Mittelklasse-Milieu am Londoner Stadtrand zwar auf naive Weise ständig für hoffnungslose Fälle einsetzte, aber trotzdem ein Held war. Auf jeden Fall war er für diesen jungen, linken Juden, der damals ebenfalls im Untere-Mittelklasse-Milieu am Londoner Stadtrand lebte, ein Held.

Natürlich weiß ich, dass er nur ein Schauspieler in einer Rolle war. Ich weiß, dass es fünfzig Jahre her ist. Aber als ich feststellte, dass für Wolfie Smith Juden nicht zählen, da starb ein kleiner Teil von mir.

DANKE

Für ihre Hilfe bei der Entstehung dieses Buchs möchte ich danken: Rozalind Dineen, Stig Abell, David Roth-Ey, Myles Archibald, Iain Hunt, Ellie Game und Georgia Garrett.

DAVID BADDIEL wurde 1964 geboren, er lebt in London und ist Comedian, Gastgeber von Fernsehsendungen und Autor. *Juden zählen nicht* war sein erstes Sachbuch.

STEPHAN KLEINER wurde 1975 geboren und lebt als freier Lektor und Übersetzer in München. Er übertrug unter anderem Nick Hornby, Michel Houellebecq, Charlie Kaufman und Hanya Yanagihara ins Deutsche.